아파트 반찬가게

강석관 II 수필집

오늘의문학사

국립중앙도서관 출판예정도서목록(CIP)

아파트 반찬가게 : 강석관 Ⅱ 수필집 / 지은이: 강석관. --
대전 : 오늘의문학사, 2018
    p. ;   cm

ISBN 978-89-5669-969-1 03810 : ₩12000

한국 현대 수필[韓國現代隨筆]

814.7-KDC6
895.745-DDC23   CIP2018039893

아파트 반찬가게

강석관 II 수필집

서문

지난해 1월에 첫 수필집 『뜨락의 이발사』를 발간하여 〈갈등마저 수용한 크리스찬의 오롯한 심결〉이라고 평가받았습니다. 한편으로는 뿌듯하고, 한편으로는 부끄럽기도 하였습니다. 그리하여 더 좋은 글을 빚어, 보다 나은 저서를 발간하리라 다짐하였습니다.

이후 생활 속의 작은 이야기들을 글로 써서 지역 신문에 발표하기도 하고, 책상 속의 원고로 남아 있기도 하여, 이들을 한 권으로 묶어 세상에 내놓기로 하였습니다.

세상살이가 조금 바뀌었습니다. 새로 좋은 분을 만나 새 출발을 하였습니다. 요즘 저는 사랑 속에서 살아가고 있습니다. 어려운 길도 손을 잡고, 또한 눈빛을 나누며 걸어가면, 덜 고단하리라 믿습니다.

두 번째 수필집 『아파트 반찬가게』를 2018년 12월에 발간합니다. 햇수로는 1년이지만, 그 과정은 2년이나 됩니다. 생각과 느낌을 자연스럽게 그려내었음을 밝혀 드리며, 독자들의 지도 편달을 받아 부족한 점은 채워가면서, 더 좋은 작품을 빚으렵니다.

2018년 12월에 강 석 관

차례

서문 ……………………………………………… 4

제1부 미화반장의 자리

1. 휴지와 청소부 ……………………………… 11
2. 고용과 일 …………………………………… 14
3. 말썽 많은 비닐봉지 ………………………… 18
4. 쓰레기장 음식물 …………………………… 22
5. 우리의 골든타임(12시) …………………… 26
6. 미화원의 자부심 …………………………… 28
7. 떠오르는 직장 ……………………………… 32
8. 투병생활 …………………………………… 35
9. 남의 소장 …………………………………… 40
10. 음식물 쓰레기 …………………………… 46
11. 공간 활용, 화장실의 문화 ……………… 50
12. 중간 알선책 ……………………………… 53
13. 주정꾼 …………………………………… 57
14. 미화반장의 자리 ………………………… 61
15. 부끄러운 태생 …………………………… 64

차례

제2부 내 인생 최고의 날

16. 단체복과 검정 고무신 ······················ 69
17. 직업 선택 ······················ 72
18. 고춧가루 파동 ······················ 75
19. 부인의 생활 ······················ 79
20. 유리병 ······················ 83
21. 양심불량 ······················ 87
22. 내 인생 최고의 날 ······················ 91
23. 연말 자정 ······················ 95
24. 청소원의 여름 ······················ 98
25. 9단지 소장의 자질 ······················ 102
26. 임신과 출산 ······················ 107
27. 가면 속 여인 ······················ 110
28. 이직의 원인 ······················ 114
29. 동창친구 ······················ 117
30. 작은 그릇 ······················ 120
31. 동갑내기 친구들 ······················ 124
32. 우리 집은 만물상 ······················ 128
33. 첫 번째 소장님 ······················ 133
34. 바늘 도둑 ······················ 138

제3부 한 통화의 힘

35. 폐지에 버려진 양심 ·········· 145
36. 허술한 면접 ·········· 149
37. 주차장 관리 ·········· 153
38. 어떤 반장의 말 ·········· 157
39. 도시의 노인정 ·········· 162
40. 공짜에 대한 집착 ·········· 166
41. 쓰러진 경비원 ·········· 171
42. 나도 중매인 ·········· 174
43. 아파트의 반찬가게 ·········· 178
44. 우리 회장님 ·········· 181
45. 구정 인사와 답례품 ·········· 184
46. 내 집이 최고 ·········· 187
47. 월급 노동 ·········· 191
48. 말하기 곤란한 병 ·········· 195
49. 4월의 보릿고개와 축제 ·········· 200
50. 동안의 소리 ·········· 203
51. 한 통화의 힘 ·········· 207
52. 청소부의 겨울나기 ·········· 210
53. 팔방미인과 재주꾼 ·········· 213

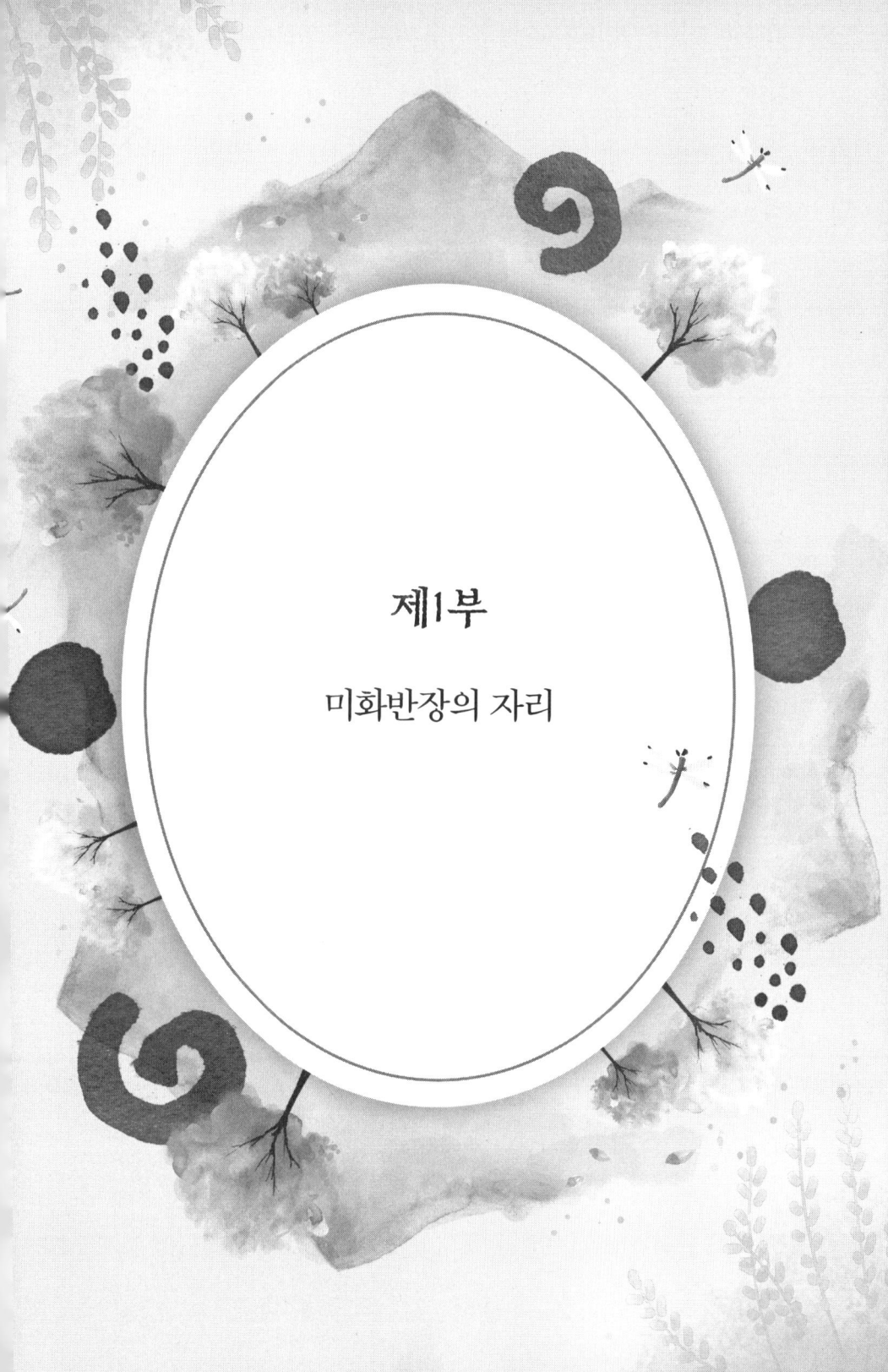

제1부

미화반장의 자리

1. 휴지와 청소부

2000년도 우리나라 국민소득은 1만 불이었습니다. 국민소득 1만 불을 우리나라 돈으로 계산하면 약 120만 원 정도 됩니다. 당시만 해도 이 정도 소득원이라면 종이 한 장쯤은 따져볼 가치조차 없는 그야말로 휴지조각 자체인, 아무것도 아닌 셈입니다.

당시는 하루 노동 임금이 4만원이었으며, 두루마리 화장지 하나가 200원 정도 나갔었습니다. 그러고 보면, 하루만 나가서 일을 해도 200원 짜리 화장지가 200개인 것입니다. 이것을 혼자서 적절히 잘 아껴 쓰게 되면, 화장지 하나당 보통 열흘 정도는 쓸 수 있는데 하루 벌은 품삯을 한꺼번에 몽땅 화장지만 사서 보관해 둔다면 어림잡아 앞으로 5년 정도는 잊어버린 듯 쓸 수 있는 방대한 양입니다.

지금부터 17년 전 얘기라 그때보다 GNP가 오르고 비교할 수 없을 만큼 훨씬 살기 좋은 요즈음은 화장지를 화장지라 하지 않습니다. 아예 휴지라고 합니다. 아무것도 아니라는 겁니다.

저는 1년 전부터 직장에서 업무상 주어진 과업이라 청소 일을 하고 있습니다. 주로 주차장에 신경을 많이 쓰고 시간도 많이 할애하는 편입니다. 그만큼 넓은 주차장에는 버려진 쓰레기와 휴지조각이 널브러져 있습니다. 막힌 코도 풀고, 입술도 닦아내고, 옷에 묻은 자국도 지워내고 자동차 백미러나 유리창에 낀 먼지도 닦아내고 그저 아무렇게나 버렸을 겁니다. 흥청망청 쓰는 건 집에서도 같을 겁니다.

　물 한 방울 흘려도, 아기가 오줌을 싸도 식탁위에 음식이 떨어져도 집안엔 언제나 화장지가 놓여있기 때문에 의례히 화장지에 손이 가는 겁니다. 정말 너무 헤프게 쓰고 있습니다. 저는 그렇게 버려진 휴지들을 줍고 쓸고 하는 일을 하지만 저는 그것을 모아 버리지는 않습니다. 더럽게 남들이 버린 것을 주어서 자동차에서 흘린 기름을 닦아내고 있습니다. 실무경험이 없는 우리 관리실 과장님은 뭘 모르고 몇 번을 빨고 다시 닦아내더라도 마포를 사용하라고 지시를 내렸지만 제가 경험한 바이보다 더 좋은 재료나 물품은 없다고 봅니다.

　걸레를 사용해 보니 기름 닦은 걸레는 다시 쓰기 위해 기름을 또 제거하는데 드는 비누도 적지 않고 빨고 닦고를 몇 차례나 반복해야만 없어지는데 번거롭고 시간낭비가 너무 심해 휴지로 닦는 것과 비교하니 게임이 안 될 정도로 휴지는 탁월한 성능을 가지고 있었습니다.

　흡착력이 정말 좋습니다. 기름 위에 몇 가닥 올려놓고 발로 쓱쓱 비비면 씻은 듯 말끔하게 지워지기 때문입니다. 그 만큼 쉽고 빨라 능률도 향상되고 쓰지 않은 새 휴지도 아낄 수가 있어 지금껏 이 방법을 고수하고 있습니다. 특수약품이 있긴 해도 얼마나 냄새가 독하고 해로운지 경험삼아 한번 사용해 본 후 아예 관물대에서 치워 버렸습니다.

　입사 1년 꼼꼼히 따져보니 지금까지 그렇게 주워 쓴 휴지가 적어도 마트에서 파는 것 한 뭉치는 될 것입니다. 웬만하면 큰 뭉치 한 덩이에 만 오천 원 하니까 제가 월급 받고 청소하면서 회사에 적어도 약 3만 원 정도는 실질적 이득을 가져다 준 셈입니다. 우리로서는 많은 도움을 드린 것입니다. 이것이 절약 정신일 겁니다.

오늘도 800여 대가 즐비하게 늘어선 주차장. 저는 차가 빠질 때마다 쓸고, 닦고, 줍고 계속합니다만 그 넓은 주차장을 치우고 나면 또 생깁니다. 휴지만 버리면 말을 않지요. 음료수병, 과자봉지, 음식잔해, 세차 흔적, 담배꽁초, 몰래 버린 물건들, 셀 수 도 없지만 이제 그러려니 합니다. 그리고 처음보다는 이런 여러 가지 방법을 깨우치고 터득한 후 전처럼 걱정하지 않습니다. 언제나 유니폼 조끼 주머니에는 항상 두루마리 화장지를 소지하고 다니기 때문입니다. 청소부와 휴지는 주차장에 필수입니다.

- 2017년 7월 25일

2. 고용과 일

  제가 몸담고 있는 우리 아파트 미화원들은 모두 여섯 명의 일꾼이 필요한 곳입니다. 대기업처럼 엄격한 심사기준이 없기 때문에 우리 업체에 입사하려면 신원이 확실한 이력서 한 장만 들고 와서 면접만 잘 보면 바로 통과되어서 일할 수 있는 직장이라, 주로 살림하던 나이 지긋한 아줌마들이 많이 있답니다.
  그 분들은 거의가 다 거기서 거기라 누가 잘 나거나 특별한 차이는 없습니다. 그 중에 가냘픈 체구에도 힘 꽤나 쓰는 50대 초반의 여성 한 사람과 지금부터 열흘을 굶어도 끄떡없이 일할만큼 열성적인 미화반장이 있습니다. 따지고 보면 같은 사람은 없습니다. 차이가 나기 때문에 머리만 굴리면 좀 나을 텐데 지적 능력이 떨어져 항상 남들보다 더 많은 고생을 하는 사람이 있어 안타까운 일입니다.
  그분들은 신식 아파트에 부착되어 있는 감지장치에 익숙하지 못해 항상 그걸 반장이 따라다니며 가르쳐 주고 있지만 '소귀에 경 읽기처럼' 금세 알려주어도 금세 까먹고 기억을 못하는 경우가 허다합니다. 거기에 비하면 우리 반장은 숙련된 사람으로서 일도 잘해 따라갈 사람이 없습니다. 이 회사가 이런 인재들로 구성되어 있다면 우리 반장이나 소장님은 하등 사람들 고용하는데 신경을 쓰지 않아도 될 겁니다. 그러나 그러지 못한 것이 흠입니다.

반장은 여기의 실무자입니다.

그래서 반장은 정치판이나 또는 이중인격자처럼 때로는 횡설수설하는 범죄자처럼 이랬다저랬다, 때로는 호통도 치고 봐서 아우르는 사람으로 말 다루듯 채찍과 당근을 동시에 사용하기도 합니다. 이런 것을 감지했기 때문에 소장님은 입주 초기부터 지원자들 중에서 이 사람을 미화반장으로 딱 찍어 쓰고 있는지도 모릅니다.

석 달 전 퇴사한 공주 만수리 아주머니도 이런 반장의 지도 덕분에 허리가 굽은 양반이 1년씩 끈질기게 근무를 했을 겁니다. 마음이 곧고 올바른 양반이라 허튼소리 한번 하지 않아 참 좋았었는데, 그만 그런 틀림없는 양반이 동네를 경유해 오가던 버스의 노선 변경으로 출퇴근이 어려워 갑자기 그만두게 되었습니다. 다행이도 단 3일 만에 굴지의 회사를 무려 14년 동안이나 다녔다는 조여사라는 분이 들어왔지만 그는 따발총이었습니다.

그녀는 입사하는 날부터 입을 그냥 두지 아니하고 누가 무슨 말을 하건 빠짐없이 끼어들어 장내를 시끄럽게 만들었습니다. 좌중할 줄을 모르다보니 부딪치고 싸우더니 결국 나가버렸습니다.

그 후임으로 60대 초반의 조치원 아줌마가 왔지만 그는 보기에는 얌전해 보여도 무슨 피해망상증에 걸렸는지 늘 주변을 경계하고 신경질적이라 단 일주일 만에 세 번이나 다투고 스스로 물러났습니다. 그 바통을 이어받은 사람이 바로 장군면 이 여사 아줌마입니다. 이분은 인상부터가 늘지렁늘지렁대는 전형적인 이웃집 시골 아줌마 스타일이었습니다.

얼마나 어눌하고 굼뜬지 출근하는 날부터 자기 직장을 잘 몰라 그것을 숙지하는데 일주일, 자기 담당 구역을 익혀 두는데 일주일, 우리 쉼터를 찾는데도 일주일, 그걸 반장은 데려오고 데려다 주고 고생 많았습니다. 하루 이틀도 아니고 동료들도 나서서 도와주고 신경 꽤나 썼습니다.

다만 여기는 삶이 치열한 도시의 한복판. 더 이상 봐줄 수 없는 동료들은 그를 내치고 말았습니다. 그런 양반이 남편은 동네일을 보는 이장님이라 했습니다. 이쯤 되면 지도자로서 동네 유지요, 업무상 관가를 자주 왕래하고 손님도 맞을 텐데…. 그런 몸으로 어떻게 내조를 해오며 가정을 지켜왔는지 참 궁금했습니다.

이런 불상사가 생긴 원인은 다 사람을 채용해 쓰는 사무실에 있는 겁니다. 면접만 잘 보면 되는데 전혀 실무경험이 없는 소장님 임의대로 사람을 뽑아 쓰니까 그런 사단이 벌어진다고 봅니다. 아파트는 개인주택과는 차원이 다릅니다.

살림하는 여자라고 해서 다 할 수 있는 일은 아닌 것입니다. 저도 결혼 후 처음 식당 문을 열었을 때는 한 가지만 잘하면 되는데 얼른 빨리 벌고 싶은 마음에 자장면도 판다고 요리사를 채용해 쓴 적이 있는데 어지간히도 속을 썩여 단 두 달 만에 기술자를 내보냈습니다. 마음에 드는 사람 고르기란 참 어려운 것입니다.

청소는 청소라 해서 다 같은 청소가 아닌 것입니다. 부여된 아파트가 2동에 25층 계단과 엘리베이터를 오르내리며 온갖 버려진 휴지조각과 쓰레기, 흙먼지와 담배꽁초, 가래침, 애완견의 배설물, 급하면 사람도 음식물을 토해내고 얼마나 역겨운지 그 고충은 모를 겁니다.

얼마나 힘들고 어려우면 안 해본 것이 없이 밑바닥부터 지금까지 살면서 다해왔다고 떵떵거리던 사람도 아파트 청소하면 몇 달을 버티지 못하는지 상상해 보면 알 것 같습니다. 거기다가 걸핏하면 반장과 부딪치던 숙적 도담동 아줌마도 나갔습니다. 이번에는 두 사람을 동시에 뽑아 써야 하는데 우리까지 걱정이 안 될 수 없습니다.

   세상에는 경험을 능가하는 지식이 없다는데 이번에는 반장도 참여시켜 중지를 모아 결정했으면 합니다. 제발 좋은 사람이 들어와 덕이 됐으면 좋겠는데 반장은 그게 남편보다 더 걱정입니다.

- 2017. 4. 15.

3. 말썽 많은 비닐봉지

비닐 제품이 출시된 지는 그리 오래되지 않았습니다. 처음 제품이 개발되고 선보일 때는 놀랄 만한 호평을 받았습니다. 주부들에겐 장바구니를 대체할 상품이 나타남으로써 불편함이 사라져 더욱 인기가 많았습니다. 산업 현장이나 농촌 어디에도 쓰임새가 다양해 포장재로써는 가히 이를 따라잡을 만한 제품이 없다고도 할 수 있습니다.

기술이란 참 좋은 것입니다. 어쩌면 그리도 얇고 가벼우며 단단하고 질긴지 이를 필요로 하는 곳은 전부 다일 겁니다. 뭐든 담아주기 편리하고 싸주기 간단하고 이젠 모든 업소에서 필수품이 되었습니다.

이젠 비닐봉지가 없는 곳이 없습니다. 가정과 점포, 농어촌과 산과 바다도 비닐 천지입니다. 태우면 화학반응이 나타나고 유독가스가 발행하여 함부로 소각도 금지되어 있습니다. 땅에 묻자니 분해되는데 최소 100년은 걸린다는데 우리 세대뿐 아니라 자식 세대까지 그 영향을 받는다고 하니 이제는 심각한 문젯거리가 아닐 수 없습니다.

그렇다고 없앨 수는 없고 고민 고민하다가 종량제 비닐봉지를 개발해서 사용토록 권장하고 있지만 아직도 인식부족인지 효과는 꽤 크지 않습니다. 종량제 비닐봉지 수명은 50년입니다. 설령 주민이 지키려 해도 물건을 만들고 싸주는 업체에서 생각을 바꾸지 않는 한 진작부터 말썽이던 이 비닐 문제는 큰 골칫거리가 아닐 수 없습니다.

지금 당장이라도 해결하지 않고 날이 가면 갈수록 문제는 커질 겁니다. 그동안 너무 안일했었습니다. 중국이 수입한다고 언제까지가 수출에 의존할 수 없을 것이라는 건 뻔한 겁니다.

이제 발등에 불이 떨어진 겁니다. 정말 큰일입니다. 제가 근무하는 아파트도 내내 그냥 있다가 매스컴에서 떠들어 대니까 이제 와서 매일같이 구내방송을 하고 있지만 거의 예사일로 여겨왔기 때문에 소수만이 이를 실천할 뿐 아직도 다수는 여전히 종전처럼 그냥 비닐 속에다 별거 별거 다 섞어 넣어 버립니다.

모든 생활 쓰레기는 그 종류대로 세세히 구분해서 버리도록 되어있습니다. 이를 위해 아파트는 설계 당시부터 재활용 쓰레기 분리장을 설치할 수 있도록 공간을 확보해 놓고 만들어 놓은 겁니다.

종이는 종이대로 병은 병대로 일일이 다 따로따로 그릇도 마련되어 있습니다. 종이포대에는 종이만 있어야 다른 이물질이 들어가서는 안 된다는 뜻입니다. 그런데 비닐봉지 안에는 각종 음료수병 캔과 음식물 심지어는 개의 배설물도 들어있습니다. 그래서는 안 되지만 그런 것을 알면서도 이제까지 우린 그걸 묵인해 왔습니다. 이제는 그럴 수 없습니다.

단순 비닐 제품 외에 다른 것이 들어 있으면 수거업체도 다 수거를 거부합니다. 그들도 이대로 가져가면 이를 골라내기 위해 사람을 또 써야 한다는 것입니다. 큰돈이 되는 것도 아닌데 막대한 인건비까지 투입하면서 경제적 부담 때문에 회사를 운영 할 수 없다는 것입니다.

지금도 소득이 되지 않아 나라나 지자체로부터 자금지원을 받는데 앞으로는 고통이 더 심할 거라는 겁니다. 생각해보면 우리 아파트 단지만도 엄청납니다. 1600세대 대단지 아파트 입주민의 절반가량은 임대가 됩니다. 기한이 정해져 있기 때문에 날마다 이사 가고 오고 새 입주 아파트 못지않게 재활용 물량이 쏟아져 나옵니다.

제가 담당하는 구역만도 6동 약 600여 세대쯤 되는데 여기서 나오는 물량만도 비닐봉지만 어림잡아 하루 평균 200리터짜리 대용량이 여섯 개씩 나옵니다. 16개동 전체로는 열여섯 개, 일주일이면 약 120개 대형 탑차로 한가득 됩니다.

이 엄청난 양을 주민은 아무 거리낌 없이 그냥 이것저것 다 넣어버리지만 우린 그걸 다 일일이 가려내야 합니다. 정말 죽을 지경입니다. 썩은 음식물에 고양이나 강아지 분변까지 치우다 보면 우린 어느 때는 한참이 지나도록 속이 니글니글 구역질이 나기도 합니다.

우리 외곽 미화원들은 너무도 힘듭니다. 제발 일 중간 중간 잠깐씩이라도 쉬었으면 좋겠는데 쉴 곳이 없습니다. 어느 때는 우리가 사람인가 싶어 분신처럼 가지고 다녔던 쓰레받이를 엎어놓고 깔고 앉고 싶지만 재활용장은 항시 주민이 들락날락 하는 곳이라 눈치보일까봐 그것도 못합니다. 그냥 점심시간 빼놓고 퇴근 때까지 풀가동을 하는 겁니다. 오죽하면 손에 끼는 코팅장갑이 사흘을 버티지 못합니다.

그나마도 회사에서 지급한 작업복도 코를 훔치던 어린 소맷자락처럼 금세 더러워져 때가 고질꼬질 눈뜨고 볼 수 없습니다. 외관을 중시하는 우리나라 습성상 우리는 무시당하기 딱 좋은 꼴입니다. 그러니 진드기같이 붙어있지 않고 걸핏하면 나가는 겁니다. 사표를 낼 때는 모두다 건강상의 이유를 대지만 대부분은 핑계입니다.

눈보라가 몰아쳐도 비바람이 불어와도 피할 곳도 없습니다. 모든 것을 감수하는 겁니다. 직접 주민을 상대하는 경비원에게는 이삿집의 행사에 수고한다는 떡과 과일 음식도 제공되지만 우린 쓰레기장에서 살아야 합니다. 그게 우리 일입니다.

하루 빨리 특단의 대책을 세우지 않으면 쓰레기 대란은 계속 될 것입니다. 세계수준에 아이큐를 자랑하면서 정말 방법이 있는지 우선은 확고한 기초질서만 바로 잡아도 어느 정도 개선은 될 겁니다.

지금 가전제품이나 그의 기타 제품에도 폐지가 많이 활용되고 있습니다. 저는 폐지만 적극 활용해도 비닐봉지 절반은 줄어든다고 봅니다. 가장 좋은 예를 들면 우유팩입니다. 우유는 물이지만 망가지지 않은 것을 보고 저거다 싶어 하는 말입니다. 그런 날이 올 때까지 참으려는데 몸이 말을 안 듣습니다.

4. 쓰레기장 음식물

　음식물은 우리 몸을 지탱해주는 중요한 요소입니다. 농작물의 비료와 같은 것입니다. 한 끼라도 굶으면 허기져 기운을 쓸 수 없습니다. 그저 등 따숩고 배부르면 그만이라는 말처럼 먹는 것보다 중요한건 없을 겁니다. 금강산도 식후경이라는 말도 이를 두고 하는 말일 겁니다.
　사람을 꿰뚫어보신 예수님도 사람들은 항상 무엇을 입을까 무엇을 먹을까 염려한다고 말씀하셨습니다. 음식, 그것은 없는 사람도 먹어야 하고 있는 사람도 먹어야 하는 근본 욕구입니다. 굶주려 보셨는지요.
　이제 배고파서 먹는 시대가 아닙니다. 2000년대 들어서면서 삶의 질이 향상되었습니다. 다 때가 되어 먹지만 하나를 먹어도 맛이 있으냐 없느냐, 영양가는 많으냐 적으냐에 따라 먹는 양도 달라집니다.
　음식의 다양화와 고급화가 요즈음 추세입니다. 이젠 그전처럼 손님을 초대하기 위해 며칠씩 음식을 장만하지 않습니다. 준비도 그렇지만 행사가 끝나면 주부들은 뒷정리에 고생고생 합니다. 요즈음 그런 짓 하지 않습니다.
　얼마가 들건 돈 주고 식당 가서 대접하면 이러니저러니 말도 없고 뒤가 깨끗하기 때문입니다. 지금 흐름이 그렇다 보니 그전에 부모님 생신이나 회갑 칠순 등 집안 대소사(大小事)에 쓰려고 준비해놓았던 대접이나 사발 접시 등 그릇들이 필요 없게 되었습니다. 일부러 버릴 수는 없고 찬장에 두었던 그릇을 이사 오면서 정리한다고들 다들 버립니다.

단출한 두 식구에도 외식할 때가 많다보니 사용할 데가 없는 겁니다. 정말 초창기 갓 결혼 때 없던 살림 같으면 저라도 창피를 무릎 쓰고 그런 버려진 그릇들만 모아도 한 살림 차릴 수 있을 것입니다.

하지만 살림꾼인 저도 이제 가져와봤자 쓸데가 없어 어쩔 수 없이 버려지게 됩니다. 저걸 장만할 때는 모으고 모아 큰맘 먹고 장만했을 텐데 참 아깝다는 생각이 듭니다만 두고 보면 볼수록 우리 미화원들에게는 짐만 되니까 아까워도 가차 없이 깨부숴 폐기처분하는 겁니다.

버리는 건 어디 그릇 뿐일까요? 생활 전반에 걸쳐 안 버리는 게 없습니다. 다 좋으나 음식물만큼은 함부로 버리지 말았으면 합니다. 버리는 사람은 유통기한이 지났거나 상해서 버린다고 하지만 꼭 그게 적용되는 건 아닙니다.

물건에 따라 보관방법에 따라 기한 전에 상할 수도 있지만 유통기한이 훨씬 지났는데도 멀쩡한 음식물도 있습니다. 어른들은 웬만하면 다 듬고 손질하고 씻어내게 먹게끔 만들지만 요즈음 신세대 주부들은 깐깐한 건지 예민한 건지 쌀은 해충이 아닌데도 바구미만 생겨도 잠깐만 말려도 되는 것을 그리하기가 귀찮아 버립니다.

농산물은 신선도가 생명이라 하지만 봄철에 사먹는 감자는 사서 며칠만 두어도 봄이라 새싹이 돋는데 미처 다 먹지 못하고 남은 감자에서 움이 돋으면 금세 큰일 나는 것처럼 과감하게 버립니다. 얼마 전에도 상표를 보니 마트에서 구입한 것 같은데 여섯 개들이 한 봉지에서 두 개를 꺼내먹고 나머지 네 개는 그만 잠시 놔둔 것이 싹이 났는지 네 개를 버렸습니다. 감자는 육안으로 보아도 이상 없어 집에 와 씻어내고 껍질을 까썰어서 장국을 끓였더니 천하일미 밥 한 그릇을 뚝딱 해치웠습니다.

검정콩은 주워 썩고 벌레 먹은 것만 골라내어 지금까지 밥을 지을 때마다 한 움큼씩 넣어먹고 있습니다. 부족한 단백질도 보충하고 볶아놓고 심심할 때 한두 개씩 씹어 먹기도 합니다. 의사들은 두피를 보호하고 모발생성을 촉진한다고 하더니만 더 이상 머리도 빠지는 것 같지 않습니다.

청소하러 다니면서 가장 흐뭇한 때는 이처럼 공것이 생겼을 때입니다. 지난 구정 직후에는 흰떡을 10리터쯤은 되어 보이는 봉지 하나를 얻었습니다. 표시가 없고 그냥 흰 비닐봉지에 들어있는 것으로 보아 집에서 먹으려고 본인 스스로가 그렇게 많이 구입하지는 않은 것 같았습니다. 마트는 저도 종종 가보지만 2인용, 4인용, 6인용 등 식구가 많지 않은 요즈음을 감안하여 그렇게 많이 담지 않고 소포장 단위로 팔고 있습니다.

이런 여러 가지를 감안해볼 때 이는 필시 시골에 계신 부모님께서 자식들을 생각해 머리에 이거나 등에 지고 방앗간에 가서 한 말이나 뺀 것을 당신은 먹을 거 조금 남겨놓고 몽땅 보낸 것 같은데 전혀 상하지도 않은 음식을 자식들은 성의도 없이 곧장 내다 버린 겁니다.

저는 횡재를 만난 듯 끌고 다니던 리어카에 실어 놓았다가 퇴근 때 가져와 두 딸내미와 우리 두식구가 두고두고 한동안 그 떡국을 끓여 먹었습니다. 이런 음식들을 발견할 때마다 며느리나 딸도 문제지만 다 큰 자식을 지금도 어린이 밥 먹여주듯 살림을 대어주는 어른도 문제라고 봅니다.

이 세상 부모 같은 자식은 없습니다. 애지중지 그 추운 초봄부터 밭에 나가 심고 가꾸고 땀 흘려 농사한 거 자식이 10분의 1만 생각해도 그렇지 않을 겁니다. 그 부모님이 알면 얼마나 기가 막힐까, 자식에 대한 실망이 클 것입니다.

저는 아파트 미화원으로 들어가 청소를 하면서 쌀이며 잡곡 또는 마른 부식 등 생활전반에 걸쳐 지금까지 안 가져온 게 없는 것 같습니다. 음식물은 건강을 생각해 유통기한이 지나면 혹시나 일어날지도 모르는 걱정 때문에 그럴 수도 있다 이해할 수 있지만 상표도 뜯지 않은 양말이며 옷가지 등은 멀쩡한데 왜 버리는지 요즈음 세태를 알 수가 없습니다.

퇴근하고 이 글을 쓰면서도 며칠 전 주어온 복숭아 쨈에 버려진 식빵을 먹습니다. 근 2년 동안 그래도 한 번도 배탈 난 적은 없습니다. 박봉에 일은 고되고 힘들어도 가끔은 이런 재미 때문에 다닐 만한 것 같습니다. 그러나 한편으로는 항상 안타깝고 씁쓸한 기분이 들기도 합니다.

5. 우리의 골든타임(12시)

우린 행정복합도시로 소문난 세종특별자치시 아파트 하청 업체에서 일을 하고 있는 별것도 아닌 청소부입니다. 우리나라 직업 중에 가장 말단에서 일을 하다 보니 우습긴 해도 여기도 엄연히 사람을 고용해 쓰는 직장이라서 지켜야 할 법도와 원칙은 항상 존재하고 있습니다.

그 중에 우린 출퇴근 시간과 그 중간에 쉴 수 있는 열두 시 점심시간이 그것입니다. 우린 일이 서툴고 게으를지 몰라도 이 점에 대해서는 칼입니다. 더욱이 우리의 점심시간만은 일분일초도 어길 수 없습니다.

하루 일과 중 우리가 맘 놓고 자유를 느낄 수 있는 시간은 이 시간이 유일하기 때문입니다. 이시간은 누가 뭘 해도 우리만이 누릴 수 있는 특별한 시간입니다. 그러므로 누가 주제넘게 관여할 수 없습니다.

그저 고삐 풀린 망아지처럼 뛰어 놀건 퍼질러 잠을 자건 함부로 터치할 수 없습니다. 접시가 엎어졌다 재껴졌다 요란스러워도 혹은 꼭 들어야 하는 것처럼 굳이 한 이야기를 하고 또 해도 하다 새로울 게 없다고 막아 설수도 없습니다. 그리하다보니 나이가 많건 적건, 뒤죽박죽 섞여서 가끔은 청소일로 시작된 얘기는 엉뚱하게 삼천포로 빠져 시끄럽게 다툴 때도 있습니다.

어떤 이는 사실상 쥐뿔도 없으면서 있는 척 그까짓 돈 백만 원 조금 더 타면서 자식자랑에 아파트가 몇 채라고 허풍을 떨지만 이 조직에 발을 들여 놓은 지 오래되는 사람은 벌써 공갈인 줄 압니다. 위세 떨고 과시해봤자 알아줄 사람도 없다는 것입니다.

그래도 누구의 구애도 받지 않고 내 맘대로 행동할 수 있다는 게 얼마나 좋은지 우린 이 시간을 통해 그간에 쌓였던 스트레스가 피로를 풀 수 있어 우린 이 시간을 골든타임이라고 일컫습니다. 세월호는 이런 황금 같은 귀한 시간을 놓쳐서 많은 희생자를 냈으니 말입니다.

우린 가진 것도 없습니다. 배운 것도 없습니다. 그러나 시간에 대한 개념과 자신을 돌아볼 줄 아는 철학은 가지고 있습니다. 이것도 모르면 출퇴근도 할 수 없기 때문입니다.

- 2017.4.20.

6. 미화원의 자부심

발명왕 에디슨은 학창시절 선생님에게 가장 많은 질문을 한 소년으로도 유명합니다. 어린 나이에 꽤나 궁금한 게 많았던 모양입니다. 저도 여러분에게 궁금한 게 딱 한 가지가 있어 묻고 싶습니다.

여러분은 지금 청소부라는 직업에 만족하시는지요? 좋다고 보는 사람보다 나쁘다고 보는 사람이 더 많을 거라고 여겨집니다. 그래서 누가 물으면 교회에 나간 지 얼마 안 되어 쑥스러운 새 신자처럼 성경을 품에 안고 우물쭈물 하듯 망설이기도 할 겁니다.

남의 물건을 훔친 도둑놈이 들킬까 봐 전전긍긍하듯 어쩔 줄 몰라 대답하지 못하는 사람도 있을 겁니다. 왜 그렇게 숨기려 할까요? 실제 우리는 못나고 못 배우고 가난해서 돈 때문에 어쩔 수 없이 이곳에 왔지 잘나고 많이 배워 발탁된 요직이라서 온 건 아닙니다.

정말 돈이 뭔지 단돈 오 만원 한 장에 직장을 옮기는 사례도 있습니다. 걸핏하면 나가고 또 들어오고…. 진드기처럼 붙어있는 사람이 드물다 보니 이 바닥에서 2년 넘는 장기 근속자가 많지 않습니다. 회사도 필요해서 사람을 고용해 쓰지만 부당한 대우도 한몫 했습니다. 앞으로도 고쳐야 할 게 많은 형편입니다.

그러나 2017년 우리나라 19대 대선 때 우리 같은 열악한 근로자들을 위해 대통령 후보자께서 처우개선을 약속하고 당선되면서 이 바닥에 변화가 일어나기 시작했습니다. 우선 첫째, 기본 봉급이 올랐습니다. 옷을 갈아입을 만한 탕비실조차 없어 후미진 구석이나 창고 같은 곳을 전전하던 우리에게 지금은 안락한 쉼터가 제공되어 점심시간 식사를 마치면 두 다리 쭉 뻗고 휴식을 취할 수도 있게 되었습니다.

썰렁하게 식은 도시락을 까먹던 우리가 지금은 회사에서 지급하는 쌀로 따뜻한 밥을 지어 먹습니다. 하루라도 결근하지 않으면 월차수당도 붙습니다. 사대보험은 물론이요 일년 넘으면 퇴직금도 있습니다.

남들처럼 달력에 쉬는 날은 우리도 똑같이 쉬고 휴가도 있습니다. 토요일, 즉 하루 중 반나절도 어김없이 근무했었는데, 격주 근무가 시행되더니 아예 5일 근무제로 전환한 사업장도 점점 생겨나는 추세에 있습니다.

판도가 급속히 변화하고 있습니다. 아침에 출근하면 오후 세 시 반 내지 네 시면 귀가할 수 있습니다. 퇴근 후에도 시간이 남아 남는 시간 활용해서 얼마든지 다른 일도 할 수 있습니다. 많이 발전한 겁니다.

한 달 봉급 백이삼십만원 생활이 어렵다고 했지만 실소득을 따져보면 농촌에서 논농사 30마지기를 짓는 사람과도 비교됩니다. 시골 농촌에서 논 30마지기를 소유하면 부자입니다. 비교해보면 우린 부자인 셈입니다. 그러므로 알게 모르게 이 일에 뛰어드는 사람이 많아졌습니다. 이미 뜨고 있습니다.

회사는 한번 결원이 생겨 구인광고를 냈다하면 한주간이 지나기 전 놓고 간 이력서가 수북이 쌓인다고 합니다. 전에는 사람을 채용할 때 이력서 한 장에 몇 마디면 그냥 통과되어 아무나 출근했었습니다. 지금은 심사가 까다로워졌습니다.

면접을 강화하고 있습니다. 떨어지는 사람도 있습니다. 경쟁률이 나타난 겁니다. 저도 얼마 전 반장의 직함으로 한사람을 불합격 처리시킨 적이 있습니다. 이젠 청소부라 부르지 않습니다.

반드시 미화원이라고 올려 부르고 있습니다. 갑질은 곧 언론에 뭇매를 맞고 사과를 해야만 합니다. 우리도 당연히 존중받아야 할 인격체 사람이라는 겁니다.

우리 스스로가 자신을 지나치게 비하하지 말아야 합니다. 비록 천민처럼 주민 뒤치다꺼리 하고 있지만 기죽지 말라는 겁니다. 이것도 엄연한 직장, 갈수록 각광받는 직업이 되었습니다. 자기 스스로를 대우할 필요가 있습니다.

여러분 기억하십니까? 지난 10년 전 우리나라 제 17대 대통령 선거 때 22번을 달고 출마하신 분 그분이 바로 우리와 같은 미화원 출신이었습니다. 저도 미화원이지만 글을 쓰는 수필가입니다. 퇴근 후 그날 있었던 일들을 토대로 글을 쓰는 사람입니다. 지난해에는 3년여에 걸쳐 책도 한권 출간했습니다. 신문과 잡지 등 금 번에도 얼마나 보람 있는 일인지 모릅니다.

미화원의 일상을 담은 책이 출간될 예정입니다. 우리교회 최장수 노인이신 홍 권사님은 제 책을 단 3일 만에 완독했다며 전화를 주셨을 때 울컥하는 감정을 추스르지 못해 눈물을 흘리기도 했습니다. 가락마을 7단지에서 근무하던 재작년에는 아침이 어떤 독자 분께서 주차장에서 청소하는 저를 알아보시고 차를 세우더니 유리 창문을 열고 저에게 인사를 다 건넸습니다.

"안녕하세요, 강석관 선생님 맞지요?"

생면부지 처음 보는 낯선 사람이라 뉘 시냐고 물었더니 그분께서 어디선가 선생님께서 쓰신 책을 봤다는 것입니다.

"아~ 예. 그래요 맞습니다. 그랬습니다."

비록 지난 얘기지만 그때 얼마나 감격스러웠는지 지금도 그때만 생각하면 마치 제가 옛날로 돌아가 그렇게도 좋아하던 첫사랑 옥순이를 만난 것처럼 가슴이 뜁니다.

여러분 제 심장이 쿵쾅쿵쾅 뛰는 소리가 들리시나요? 여러분, 여러분도 꿈을 안고 도전해 보세요. 성공할 수 있습니다. 나를 바라보는 눈이 달라집니다. 긍지를 가지십시오. 이제는 청소부가 더 이상 기피의 대상이 아닙니다.

저는 청소부라는 이 직업을 달리 평가하고 싶진 않습니다. 좋은 직업이 될 것이라는 확신 때문에 널리널리 홍보를 계속 할 작정입니다. 기가 살아 그렇습니다.

- 2018. 2. 8.

7. 떠오르는 직장

　많은 사람들이 구직을 원하고 있습니다. 실업자가 증가하는 원인은 일거리도 적은데다 돌아갈 곳도 마땅치 않다는 겁니다. 경쟁률도 한몫하지만 고도로 발달한 최첨단 가계가 많은 사람을 대신해 불가피하게 많은 인력이 필요 없게 됐다는 겁니다.
　문명의 혜택도 받지만 문명에 밀려 설자리를 잃기도 하는 겁니다. 최근에는 인원감축에 가속도가 붙어 60대의 은퇴자에서 50대로 그 연령대가 갈수록 짧아져 2018년 금년에는 만 40세까지 확대되는 추세랍니다. 회갑도 오기 전 젊은 나이에 일손을 놓고 노인으로 둔갑하는 꼴이 된 셈입니다.
　다행이도 저는 진짜 70대 노년에 직장을 다니고 있습니다. 이는 기술이 있어서도 아닙니다. 배경도 없고 학벌도 없습니다. 내세울 만한 것이라고는 전무한 실정입니다. 그래서 이력서에는 달랑 사진 한 장에 청소경력 1년이 전부였습니다.
　너무 빈약해 내놓기가 부끄러울 정도입니다. 그런데도 회사는 망설이지 않고 그날부로 저를 채용하여 이튿날부터 근무를 시켰습니다. 딱 한 달 만에 월급도 백오십만 원 9급 공무원에 준하는 돈을 받았습니다. 공휴일과 국경일도 어김없이 쉽니다.
　아침 8시 반에 출근하면 오후 세시 반, 해 짧은 겨울에도 해가 저만치

나 있어 여유롭게 퇴근을 하고 있습니다. 거기다가 4대 보험도 가입돼 있습니다. 저로서는 공무원 못지않은 신의 직장이라 여겨집니다. 이렇게 좋은데도 사람들은 3D업종 청소부라는 명함 때문에 이 직업을 기피하고 있습니다.

명심해야 할 것은 그나마 청소부자리도 어쩌면 갈수록 어려워질지도 모릅니다. 거기다 수명도 늘어나고 있습니다. 인간 평균연령 60에서 70대 80대, 앞으로는 100세를 바라보고 살고 있습니다. 과거 회갑노인은 고려장 감이었습니다. 지금은 70세도 팔팔합니다. 시골에서 70은 청년이랍니다. 노인정에 가면 심부름만 한답니다. 놀고 있을 수가 없습니다. 직업 귀천을 따질 때가 아닙니다.

호감 살만한 뉴스거리는 또 있습니다. 이 바닥에 정년이 없습니다. 언제 해고될지 불안에 떨지도 않습니다. 그저 자신이 스스로 물러날 때까지 특별한 하자가 없는 한 고용이 보장된다는 점입니다. 떠오르는 직종입니다. 머지않아 저처럼 회사를 찾아가 '저도 좀 써주세요.'하고 백을 쓸 날이 올 것입니다. 벌써 우리보다 월급이 높은 다른 아파트 단지는 미화원 하나 뽑는데 줄을 설 정도라고 합니다.

지금도 신문에 구인광고를 내면 이력서가 쌓인다고 합니다. 이제 마지막 남은 기대종목입니다. 여기서도 퇴출되면 갈 곳은 없습니다. 진짜 집에서 손자 손녀 애기나 봐야 합니다. 성경은 "일하지 않으면 먹지도 말라. 개미에게 가서 그 지혜를 얻으라."고 말씀하셨습니다. 저는 이 일에 몸담은 지 몇 년째 지금도 남이 버린 쓰레기도 수거하다 분리해 치우고 고양이 똥 애완견의 배설물, 음식 찌꺼기는 구역질이 납니다.

박스 하나에 버려서는 안 될 것들, 깨진 유리병에 사기그릇, 미처 먹지 못해 상한 생선 등을 섞어서 버립니다. 골라내려면 비위가 상하고 몰지각한 행동에 화가 나기도 하지만 더럽고 아니꼬운 일은 인간사에 어디나 있기 마련입니다. 그런 이해가 가기 때문에 저는 이 직장을 앞으로 떠오르는 직장이라고 보며 홍보하고 적극 권장하는 것입니다. 집에서도 그런 쓰레기가 발생하니까요.

- 2018. 1. 9.

8. 투병생활

　우리가 차를 타고 가다보면 간혹 가다 도로변에 「연약지반」이라는 안내 표지판을 발견 할 때가 있습니다. 이는 도로지반이 약하다는 뜻으로 이 지역을 통과하는 차들은 조심하라는 사전 경고판인 셈입니다.
　제 체질이 이와 같이 주의하지 않으면 안 될 정도로 무척 연약합니다. 한참 혈기왕성한 젊은 시절에도 하필이면 한쪽다리 무릎에 류마티스 관절염이라는 난치병에 걸려 제대로 뛰어보지 못했습니다. 정말 그때 받은 충격은 컸었습니다.
　그 때 류마티스 관절염은 죽음에 이르는 무서운 병처럼 공포의 대상이 되기도 했었습니다. 그 당시에는 이병에 걸렸다하면 십중팔구(十中八九)는 죽거나 아니면 불구가 되었었습니다.
　실제 그 당시 담 하나를 사이에 두고 저희 집 윗집에는 오촌 당숙 한분이 사셨는데 그분은 이 병을 앓다가 돌아가셔서 그 당숙의 죽음을 본 우리로서는 무서운 병일 수밖에 없었습니다. 또한 얼마 전 우리교회 최병연 권사님께서도 재작년 운동 삼아 공원에 갔다가 우연히 다리 한쪽을 절룩거리는 한 사람을 알게 되었다는데 그 분도 바로 이 류마티스 관절염을 앓다가 불구가 되신 우리 육촌 형님이었습니다.
　한마을 한 고을에서 오촌과 육촌에 이어 저까지 우리 집은 난리가 났습니다. 하늘이 무너지고 땅이 꺼지는 일입니다. 더욱더 충격이 큰 것은 제가 차남인데 형님도 군대에서 한쪽 다리는 잃은 상태였습니다. 설상가상 저마저 장애를 가지게 되면 어쩌나, 부모님은 크나큰 걱정이 아닐 수 없었습니다.

처음 증상은 그렇게 심한 편은 아니었습니다. 다리가 좀 붓고 무겁고 뻐근했지만 활동하는 데는 큰 지장은 없었습니다. 그러나 날이 가면서 환부는 부풀어 올라 쑤시고 아파 병원에 가서 진찰을 받아봤습니다.

의사의 진단은 류마티스 관절염이라 말씀하셨습니다. 눈앞이 캄캄했습니다. 의사는 고개를 돌릴 만큼 커다란 주사기를 들이대더니 무릎에서 누런 물을 뽑아 빼냈습니다. 그물이 곧 부기였었는지 그 물을 빼내자 무릎이 시원하니 발걸음도 가벼웠습니다.

의사의 처방에 따라 약도 복용하고 병세가 호전되는 듯싶었습니다. 그러다가도 일정기간이 지나면 또 무릎이 다시 부어오르고 좋아졌다가는 또 나빠지고 약 1년쯤 뒤에는 아예 한쪽 다리를 못 쓰게 되었습니다. 형님에 이어 저까지 한집안에 장애인이 둘인 셈입니다. 그러니 부모님 마음이야 오죽했겠는지요. 식구는 열 명인데 웃는 사람 한사람 없었습니다.

평상시 주고받는 말도 이 눈치 저 눈치를 봐야하고 집안은 항상 침울해 있었습니다. 가장 참기 어려운 고통은 힘의 균형이 한쪽다리에만 쏠려 아픈 다리보다 성한 다리가 더 아프다는 것이었습니다.

사람을 미치게 하는 것은 또 있었습니다. 가만히 누워 있으면 친구들이 밖에서 뛰어 논다는 것이었습니다. 저는 걷고 싶었습니다. 꼭 걸어야 된다는 일념밖에 없었습니다. 그때 비로소 처음 하나님을 불러보았습니다. 믿음이 있어서 하나님을 부른 게 아닙니다. 그때 저희 집에는 저희 어머니가 교회를 다니고 계셨습니다.

시골 풍습이 그랬듯이 그때도 저희 어머니는 부뚜막에 정화수를 떠놓고 늘 천지신명께 비시던 때였습니다. 그러나 우환은 끊이지 않고 또 앞으로 남은 자식들 어떻게 되면 어쩌나 싶어 저희 어머님은 누가 예수 믿으라고 전도한 것도 아닌데 어머니 스스로가 고난의 악순환을 끊기 위해 그런 우상단지들을 다 버리시고 교회를 나가셨기 때문에 저희 집안에 성경책은 늘 있어왔습니다. 그래서 무심코 하나님을 불렀습니다. 그리고 어머님의 성화에 못 이겨 그 몸으로 대박리 침례교회를 다녔습니다.

예수가 뭔지 처음에는 뭐가 뭔지를 몰라 전혀 이해 할 수가 없었습니다. 아브라함과 다윗의 자손 예수 그리스도의 세계라…. 지금 현재도 잘 몰라 고생 고생하는데 2000년 전 이야기는 너무도 생소했습니다. 그러나 나중 안 사실이지만 믿음은 들음에서 난다고 전혀 모르는 말씀도 자꾸만 들어보니 깨닫게 되었습니다.

안개처럼 희미했던 믿음이 거울 보듯 확실해지기 시작한 것입니다. 귀가 열리면서 동시에 마음의 문도 열렸습니다. 자꾸만 마음에 와 닿는 부분이 많아져 스스로도 성경 이곳저곳을 펼쳐보던 중에 내게 가장 필요한 것은 솔로몬의 부귀와 영화가 아니라 그분의 지혜를 보았습니다.

제 길이 막막한데 엎친 데 덮친 격으로 이놈의 몹쓸 병까지 얻었습니다. 제발 머리라도 좋아 돈 안 들고 병을 고칠 수만 있다면 원이 없을 것 같았습니다. 그래서 빌고 빌었습니다. 하나님, 제발 저에게 지혜를 주십시오. 관절을 치료할 수 있는 지혜를 주시옵소서. 그 기도를 하나님은 들으셨습니다.

어느 날 성경을 보다가, 신명기에서 눈이 멈춰 섰습니다. 신명기는 각종 질병의 발병(發病)과 치료 방법이 기록되어 있습니다. 거기 원인을 알 수 없는 문둥병에 대한 기록도 있습니다. 문둥병은 뼈와 뼈 사이에서 고름이 생겨나는 고질병입니다.

관절염(關節炎)은 뼈와 뼈 사이에 염증이 생겨서 나는 병입니다. 풍(風)은 뼈와 뼈 사이에 바람이 들어가 생겨나는 병입니다. 이들 병명을 각기 다르지만 한 가지 같은 공통점은 뼈 사이에서 생긴다는 것입니다. 인간은 원숭이와 달라도 닮은 점이 많아 학자들은 인간을 같은 원숭이 과(科) 동물이라고 취급하고 있습니다.

아카시아 나무는 콩과는 확연히 달라도 그 나무에 달리는 열매가 마치 밭에 나는 콩과 같다하여 학자들은 아카시아 나무를 콩과에 속하는 식물이라 합니다. 답이 나온 겁니다. 관절염도 문둥병의 일종이라는 생각이 들었습니다. 그때부터 저는 문둥병 환자들이 몸에 발랐다는 우슬초를 구해먹기 시작한 것입니다. 5개월, 6개월 기적이 일어났습니다.

무릎에 부기가 빠지기 시작했습니다. 때마침 라디오에서는 인간세포는 6개월에 한 번씩 교체된다는 말이 흘러나왔습니다. 완전히 신경세포가 바뀐 것입니다. 그것은 하나님의 은혜였습니다. 나중 알고 보니 옛날부터 어른들은 무릎이 쑤시거나 아프면 으레 이 약초를 캐다 먹었다는 것입니다.

이미 오래전부터 우리 한국문화에 이스라엘 문화가 자리 잡고 있었던 것 같습니다. 이제 저는 성경을 체험한 산 증인입니다.

그 후 저는 결혼했습니다. 재발하면 재발의 위험성이 크다고 늘 조심해야 한다고 주의를 주지만 그 뒤 재발이나 후유증은 없습니다. 지금까지 걷기도 하고 뛰기도 하고 때로는 무릎에 가장 많은 힘이 가해진다는 자전거를 타고 등산을 해도 이상은 없습니다. 완치된 것입니다.

여러분 성경을 많이 보십시오. 거기에 답이 있습니다. 저는 확신합니다. 70에 나이, 몸무게 52kg로 가냘픈 체구지만 지금도 아파트 그 고된 청소 일을 계속해도 이상은 없습니다.

9. 남의 소장

　현재 제가 살고 있는 세종특별자치시는 날마다 하루가 다르게 발전하고 있습니다. 정부청사를 중심으로 그 주변에는 어딜 가나 아파트요 현재 공사 중인 상가들입니다.
　여기저기 아무리 아파트를 짓고 공급하여도 항상 공급물량이 달려 100퍼센트 분양이 완료되기 때문입니다. 따라서 전국각지에서 많은 사람들이 몰려오고 있답니다.
　살기 좋은 명품도시를 만들다보니 현대감각에 예민한 젊은 사람들이 다수를 차지한다고 합니다. 통계에 의하면 30대가 가장 많은 비중을 차지하는데 얼마나 빨리 성장하는지 2020년이 앞으로도 2년 이상 남았는데 어느새 유입인구가 벌써 목표치를 달성해가고 있다고 합니다.
　하지만 젊은 인구에 비해 상대적으로 노인숫자가 턱없이 부족하다보니 이분들을 필요로 하는 사업장과 일터에서는 사람이 없어 지금도 구인난에 허덕이고 있다고 합니다. 저는 이런 틈을 타서 어렵지 않게 아파트 미화원에 들어와 일할 수 있는 기회를 얻었습니다. 2016년 첫발을 들여놓았으니 어느덧 해를 거듭했습니다.
　그동안 참 많은 경험을 통해 배워 익힌 것도 많아서 청소하면 거리낌 없이 앞에 나설 수 있게 되었습니다. 시켜만 준다면 미화반장 역할도 할 수 있을 거 같습니다. 무얼 하든, 어느 곳을 가든, 미화원이라면 내내 아파트 주민들이 내다버린 생활쓰레기를 분리하고 치우는 것 청소는 마찬가지요 특별할 건 없습니다. 어디를 가나 힘든 편입니다. 그래도 나이 들수록 활동량이 적고 둔한 우리 같은 사람들에겐 힘은 붙여도 많이 움직일 수가 있어 좋답니다.

육체적 피로가 있다 해도 밤은 우리에게 새로운 에너지원이 됩니다. 한숨 제대로 푹 자고나면 쌓였던 피로가 풀리고 몸이 한결 가벼워지기 때문입니다. 허구한 날 그 일이 그 일이라 일 때문에 자리를 옮기는 사람은 적습니다.

가장 무섭고 두려운 존재는 바로 우리의 심신을 괴롭히는 스트레스가 적입니다. 제 부서에서 그런 후배동료가 한사람 있었습니다. 자기 분수도 모르고 되나 안 되나 간섭하고 항상 얕잡아 왔습니다. 결국 끝내 참다못해 한바탕 다투기까지 하고 마음 약한 제가 물러나 직장을 옮기게 된 것입니다.

다른 직장에서 경비를 보는 친구가 이런 사실을 알고 저를 위해 발이 넓은 한 사람을 소개하여 그분의 도움으로 하여금 새롭게 입주하는 아파트 미화반장의 직함을 받아가게 된 겁니다. 이미 거기에는 초보자도 있었지만 이런저런 이유로 저와 같은 입장에서 이곳으로 자리를 옮겨온 또 다른 아는 사람도 둘이나 있었습니다.

미화부에 속해있는 한분은 전에 제가 또 학교 앞에서 문구점을 할 때 물건을 납품하던 분이셨고 또 다른 한사람은 꽃집을 경영할 때 제가 예금하러 자주 가서 알게 된 전직 산림조합 금융계 직원 이였습니다. 그분은 어느 날 갑자기 안 보인다 싶더니 아마도 그때당시 곧바로 공부해서 주택관리사 자격증을 취득했었는지 여기서는 소장이라 불렀습니다.

아파트에서는 최고 높은 직위입니다. 그분은 10년 경력에 벌써 몇 군데를 거쳤다고 했습니다. 아파트하면 이미 모르는 게 없이 통달한 베테랑이 다 되었을 겁니다. 말도 참 유식하게 잘 했습니다. 한번 직원회의를 소집했다하면 젊잖게 목소리를 깔고 아주 조용조용 낮은 어조로 온갖 지식을 동원해 정말 청산유수같이 말을 잘했습니다. 그래도 허탈한 것은 그분의 강연을 들어보면 어느 틈 하나 없이 완벽해 보이지만 내용은 없는 것이 흠이었습니다. 다 아는 사실이지만 미화원은 지식도 기술도 없는 곳입니다.

단순 노동에 해당하기 때문에 매일같이 그 일이 그 일이요 최선을 다해 자기소임만 다하면 나무랄 게 없는 곳입니다. 그런데도 그 소장님은 어디서 속고만 산 사람처럼 업무를 시작하자마자 400여대의 감시카메라가 여러분을 주시하고 있다면서도 농땡이만 치는 사람들만 보았는지 하루 두 차례씩 꼬박꼬박 빼놓지 않고 우리 뒤를 순찰했습니다.

그러다 마주치면 격려차원에서 우리를 배려하듯 쉬어가면서 하시라고 하지만 막상 또 자기 눈에 띄지 않으면 부하직원을 불러 안 보인다고 확인했습니다. 그때부터 우리는 소장이 틀렸다고 봤습니다. 일도 지휘계통을 통해 하달하면 되는 것도 과장계장을 제쳐두고 직접 나서서 하나하나 일일이 다 시켰습니다.

다른 곳에서는 토요일도 돌아가며 격주로 쉬다 못해 아예 5일제 근무로 토요일은 일손을 놓는다는데 이 소장님은 5일제는 고사하고 쉬는 일요일도 일을 하게 해서 없는 것도 있게 만들어 정말 피곤하게 만들었습니다.

원래 외곽 미화원은 네 사람으로 일이 권역으로 나누어져 한조에 두 사람씩 배치되어 했는데 퇴근 후 그 이튿날 오전까지 쏟아져 나온 쓰레기양이 어마어마한 대도 오히려 한사람은 빼고 한사람으로 줄여 하도록 하고선 정작 일거리가 적은 오후에는 혼자서도 가벼운 일을 세 사람을 붙였습니다. 필요 없는 두 사람이 가외로 덧붙어 따라다니는 셈입니다.

즉, 한 사람당 한 달 인건비가 150만원인데 일 년 열두 달로 계산하면 1,800만원, 그만큼 덜 쓰면 회사는 인건비에 지출이 줄어들어 그만큼 수익을 올리는 셈인데 소장님의 고집과 판단착오로 인해 회사는 그만큼 손해를 보는 셈이지만 그런 내용은 해당 당사자인 우리만 알지 원청업체는 이런 사실을 전혀 모르고 길바닥만 깨끗하니까 그저 소장이 일을 잘하는 줄만 아는 겁니다.

차라리 오후에 필요 없는 인력을 빼서 지하주차장에 투입하면 훨씬 깨끗하고 좋을 텐데 소장은 그런 데에 눈이 어두운건지 알면서도 저를 골탕 먹이려고 그러는지 한번 청소업체를 불러 청소하는 비용이 보통 200에서 약 250만원이 든다고 일 년이면 네댓 차례 적어도 천만원이 든다는 겁니다. 안 들어도 될 걸 들어가게 되는 겁니다. 저는 이 말을 듣고 전에 다른 아파트에서 일하던 게 생각나 그 현장에서 이런 제안을 해봤습니다.

"소장님 그러시다면 청소기계를 도입하시면 어떨까요?"

저는 실제 그 기계를 사용했던 사람입니다. 소장님은 그 기계한대를 구입하는데 이삼천만 원이 든다고 하는데 크다고 하는 대용량 기계도 천 칠백만원밖에 들지 않습니다. 전에는 600세대에서도 소장님께서 주민과 동 대표를 설득해 구입했는데 1160세대면 그 두 배입니다. 따라서 주민부담도 그만큼 적고 구입하여 쓴다 해도 2년만 사용해도 300만원 이란 수익을 가져올 수 있습니다. 그렇게 되면 언제든 아무 때고 사용이 가능해 주차장을 항상 깨끗하게 할 수 있어 주민들도 쾌적한 환경에 참 좋아할 것 같습니다.

그러면 당장에 수용은 못해도 한번 검토해 보겠다고 할 줄 알았는데 소장님은 자기 자리를 침해당해 기분이 상했는지 반발하듯, 기계는 사놓으면 녹슨 다고 터무니없는 변병을 해버렸습니다. 그런 분이 어떻게 매일같이 자동차를 운전하고 출퇴근을 하는지 정말 의구심이 들었습니다. 그러면서도 무슨 자랑인양 저도 고집이 있다고 말했습니다.

회사는 고집으로 운영되는 게 아니요 지혜로 하는 법을 외면하는 겁니다. 여기는 임대주택이라 힘들다고 했지만 제가 근무했던 아파트도 임대주택이었습니다.

한 달이 지나도록 잠시 머무를 공간조차 없어 차디찬 주차장 바닥에서 밥을 먹고 점심시간 한 시간도 쉬지도 못 해 차속에서 웅크리고 앉았다가 일을 하고 열악한 환경에 병에 걸려 입원했는데 면회는커녕 출근부에 휴가 처리를 하는 소장님….

내 집에서 기르던 개가 아파도 병원치료는 해주는 것인데 근무일수에서 빼서 월급을 깎아 그때 처음으로 바른말을 했었습니다. 그리곤 소장님과 함께 온 미화원조차 소장님이 전에 비해 변해도 너무 많이 변했다는 말에 더 이상은 안 되겠다 싶어 곰곰이 생각하다 갈 곳을 정해놓고 사표를 던졌습니다. 아마도 운명이었었나 봅니다. 찾아간 곳도 새 입주 아파트였습니다.

여기서도 맡은 직책은 미화반장이었습니다 근무환경은 종전과 비해 다를 바 없지만 스트레스는 없었습니다. 관리소장님은 부드럽고 융통성이 많고 배려심이 많아 말 한마디라도 참 따듯하게 했습니다. 무슨 말이든 귀담아 듣고 가능하면 실행하고 불가하면 상처받지 않게 정중히 거절했습니다.

어떻게 같은 주택관리사 공부를 했을 텐데 그렇게 차이가 나는지 이런 소장님 앞에는 잘못 살수라도 할까봐 미화원들은 스스로 엄청 조심하는 편입니다. 꼭 형제자매 같은 분입니다. 이제 전에 소장은 남의 소장이요, 전혀 상관없는 일. 우리에게 두 번 다시 스트레스는 없을 겁니다.

10. 음식물 쓰레기

　우리가 먹고 입고 자고하는 생활 중에 우리가 버리는 음식물 쓰레기가 있습니다. 방금 전 내가 먹고 내가 버리는 음식물 쓰레기지만 입속에 넣었던 그 음식물 버릴 때는 왜 그렇게 더럽게 인식되는지 쓰레기를 버리는 주부들 면면을 살펴보면 젊은 주부들일수록 일회용 장갑을 끼고 버리는 사람들이 있습니다. 불법 투기도 있습니다.
　어떤 분은 맨손으로 들고 와 투입구에 넣고는 위생상 꺼림칙한지 그 안에 있는 수돗물에 손을 씻고 가지만 꼭 개중에 몇 사람은 장갑을 쓰고는 그냥 바닥에 휙 내던져 놓고 가기도 합니다. 아마도 그러면 본인들은 깨끗하다고 하겠지만 그분들이 아무렇게나 함부로 던져버린 비닐장갑은 여기저기 나뒹굴어 좋지 않은 모습입니다.
　반드시 비닐은 비닐용기에 넣어야 합니다. 본인들이 생각할 때 본인들 쓰레기는 본인이 버렸으니 본인들은 쓰레기를 치웠다고 생각하겠지만 쓰레기를 담당하는 미화원들 눈에는 또 하나의 쓰레기가 발생하는 꼴인 겁니다. 시정해야 하지요.
　지금 음식물 쓰레기를 맘대로 버리는 곳은 전국 어디에도 없습니다. 반드시 분리배출하게 되어있습니다. 이를 어기고 위반하는 행위는 과태료 범칙금 부과 대상입니다. 음식물을 음식물대로 비닐은 비닐대로 재활용장안에는 주민들 편리를 위해 각각의 용기가 놓아있고 품목별로 병은 병이라고 이름표까지 붙여놓았습니다.

  캔은 캔대로 구분해 넣는 것은 당연하고 이런 원칙은 지켜져야 하는데 극히 일부 몰지각한 사람들은 누가 보지 않는다고 슬쩍 몰래 바닥에 그냥 놓고 가기도 합니다. 하지만 그 안에는 그런 주민들을 바라보는 CCTV가 내려다보고 있습니다.

  CCTV는 사무실에서 주민이 현관문을 나서는 순간부터 동선을 따라 음식물 쓰레기를 내다버리고 집에 도착하는 매순간을 지켜볼 수 있습니다. 알면서도 일일이 지적하지 않고 원칙대로 처리하지 않는 것은 그 사람의 이름 때문이 아닙니다. 주민 의식수준을 믿는 겁니다.

  또한 음식물 찌꺼기가 겉면에는 사용설명서도 부착되어 있습니다. 여러모로 모를 리가 없다고 보는 겁니다. 몰라서 그리하였다고 변명은 할 수 없습니다.

  이 기기를 연구해 만들고 설치할 때는 간혹 가다 그런 잘못된 주부들의 습성을 감안해서 기존의 설치물에는 이를 방지하기 위해 아예 당초부터 기기에 열쇠를 매달아 열쇠를 갖다 대기만 하면 음식물 투입구가 자동으로 열리게 되어 있어 어렵지도 않습니다.

  최근에는 위생상 함께 사용하는 것을 꺼려하는 주민들을 위해 한층 더 위생적으로 깨끗한 개인카드가 지급되어 100퍼센트 완벽하게 처리할 수 있게 되어 있습니다. 그런데도 버젓이 그냥 바닥에 버려두고 가는 것은 얌체 짓입니다. 우린 수없이 지켜봐서 압니다.

  지금은 여름입니다. 혹한기 겨울이라면 습도 때문에 얼어서 고장 난 것처럼 이따금 작동이 멈출 때가 있어 본의 아니게 그냥 놓고 갈 수 있습니다. 하지만 삼월, 사월, 오월, 봄은 해동되어 꽃이 폈습니다. 유월은 본격적으로 시작된 여름입니다.

해수욕장을 찾는 무더운 여름은 음식물이 쉽게 상하는 계절입니다. 이것저것 섞여진 음식물은 변질되고 부패하기 쉽습니다. 썩고 냄새나면 파리 모기가 들끓고 질병에 걸릴 확률도 높습니다. 어느 때보다도 더 각별한 주의가 필요한 시기에 도둑처럼 몰래 버리는 음식물 쓰레기는 환경을 더럽히는 주범인 것입니다.

본인은 장갑을 벗고 손을 씻고 하지만 집에서 신고 온 신발에 묻어가는 미세한 세균덩어리는 누가 만들지 모를 겁니다. 한사람이 놓고 간 불법 음식물 쓰레기는 또 다른 사람에게 불법을 조장할 수 있습니다. 쌓이고 쌓이면 주민들끼리도 욕하는 것을 알아야 합니다.

알다시피 우리나라는 생활수준도 높지만 따라서 교육수준도 높다고 합니다. 많이 배우고 아는 만큼 그 사람에 수준입니다. 남은 속일 수는 있어도 우리는 속일 수 없습니다. 우린 이 바닥에서 사는 사람입니다. 민원을 넣는 사람도 민원을 발생시켰기 때문입니다.

우린 이런 잘못된 관행을 알면서도 직업이 그래서 차마 대놓고 말하지 못하고 묵인 방치한 관리소의 책임도 있다고 봤습니다. 그러나 누구도 관리소장이나 직원들을 원망할 일이 아닙니다. 규정에는 관리소장이 아파트 전체를 관리하지만 힘은 없다는 걸압니다.

아파트는 주민이 선출한 동대표가 있고 또 동 대표회에 회장이 존재합니다. 이분들은 소장님이 받는 월급도 없습니다. 무보수 명예에 불과하지만 실질적으로 소장이 눈 밖에 나면 축출할 권한이 있으므로 소장님은 읊조릴 수밖에 없습니다.

관리소장님의 우위를 점하고 있기 때문에 동 대표나 동 대표회의 회장의 눈치를 보는 입장이라 뭐든 강력히 주장할 수 없는 구조입니다. 이 일을 발본색원(拔本塞源) 하는 일은 순전히 주민들 스스로인겁니다. 이런 일이 반복되는 한 내일도 또 모레도 재활용장 안 쓰레기는 여전할 것이며 치워도 치워도 끝은 없을 겁니다.

   지금은 내무환경보다는 주변 환경이 중요합니다. 어떤 주민은 우리 미화원 보기가 민망해 스스로 주의를 환기시키는 글을 써서 음식물 쓰레기 투입구 상단에 붙여놓았습니다. 참 좋은 분입니다. 서로 깨끗하게 제대로만 사용하면 누가 무슨 말을 할까요? 제발 말썽이 없었으면 하는 게 우리의 희망사항입니다.

11. 공간 활용, 화장실의 문화

우리 모든 어린이는 세상에 막 태어나 엄마 젖을 먹을 때는 먹는 게 일이요, 자는것도 일이었습니다. 그렇게 무조건 먹고 자고를 계속하다 보면 어린이는 하루가 다르게 쑥쑥 자라나곤 합니다. 그러다가 제 스스로 밥 수저를 들게 되면 어딘지 모르게 부모님을 대하는 태도가 조금씩 달라지게 됩니다.

갓 난 티를 벗게 되면 이것도 저것도 사사건건 간섭하는 이유가 있습니다. 세 살 버릇 여든까지 간다고 그 안에 바른길을 들이려는 것입니다. 부모는 이런 통제와 교육을 통해서 자식이 삐뚤어지지 않고 올바로 커가기를 바라는 마음이 있기 때문입니다. 다 자식 잘되라고 자식의 장래를 위해서입니다. 그런고로 자식이 무엇이든 맘대로 할 수 있게 방치해 두지 않습니다. 대소변도 가리고 아무데나 볼 수 없게 다스립니다.

만약에 불규칙한 식습관과 잘못된 행동을 즉시 바로잡아 주지 못하면 훗날 자식이 잘 못 될 소지가 다분하기 때문에 말썽이 생기기 전 곧바로 고치려는 것입니다. 부모는 그래서 집안의 가정교사를 별칭도 있습니다. 그건 부모님도 부모님대로 전대에 윗분들로부터 그런 교육을 받아왔고 또한 경험을 통해 얻어진 지식이기 때문에 이 방법을 고수하고 자식에게도 이런 점을 꼭 익혀 두려는 것입니다.

전문가들의 말을 들어봐도 다를 것도 없이 다 비슷합니다. 잘 먹고,

잘 자고 잘 싸고 이상 없으면 건강한 사람이라고 합니다. 애나 어른이나 욕심 때문에 배불리 먹어봐야 우리 몸은 필요이상 양분을 흡수하지 않고 남은 음식은 배설물과 함께 밖으로 배출하기 때문에 소용없다는 것입니다. 아마도 그래서 사람에 따라서 화장실을 가는 횟수가 다 다른가 봅니다. 거기서 보내는 시간도 천차만별입니다.

속 시원할 때까지 볼일을 보는데 그 볼일 하나 때문에 화장실에서 무한정 우두커니 앉아있는 사람도 있습니다.

옛날 같으면 이야 두말할 필요가 없습니다. 돈 주고 앉아 있으라 해도 곧바로 뛰어 나왔을 것입니다. 화장실은 그 용어 자체가 맞지 않을 만큼 시설이 나빴습니다. 뒷간이나 변소라는 저속한 말을 입에 달고 살았습니다.

그땐 모두가 지금 같은 여유로운 삶이 아니었습니다. 참으로 부끄러울 정도로 궁핍하여 화장실은 큰 통 하나만 땅에 묻고 사람 두발로 앉고 설수만 있으면 그만이라 제대로 된 문도 없이 거적때기 하나 두른 화장실은 말조차 꺼내기가 민망할 정도로 더없기가 짝이 없었습니다.

오래 앉아 있을 때야 머리가 빠개질 것 같아 더 있을 수가 없었습니다. 그러나 현실은 다릅니다. 생활문화가 달라져 얼마나 화려하게 잘 꾸미고 사는지 화장실도 내실처럼 구분이 안 갈 청소로 깨끗해 졌습니다.

용도만 다를 뿐 똑같이 꾸미고 살기 때문에 요즈음 사람들은 거실 소파에서 피우던 담배도 여기서 피우고 신문도 읽고 책도 보고 허기를 참지 못하는 사람들은 급한 대로 화장실에서 빵조각으로 끼니를 때우기도 합니다. 뿐만 아니라 사업을 하거나 절대적으로 시간이 부족한 사람들은 여기서 스케줄을 짜기도 하고 일과를 보기도 한답니다.

이유는 누구에게도 구애받지 않고 혼자 쓰기에는 더할 나위 없이 적당하기 때문입니다. 누가 터치합니까? 노크해도 기침한번 하면 물러나 기다릴 수밖에 없습니다. 앉아 있는 좌변기는 사무실 못지않게 편안함도 있습니다. 누구는 그런 광경을 보면 궁상맞다고 입방아를 찧겠지만 그건 인식의 차이입니다.

저도 이런 글을 쓰게 된 동기도 여기에 있습니다. 앉아 있다 보니 자꾸만 이런 글귀가 떠올랐습니다. 별건 아니지만 그래도 그 방면에 공감하시는 분들도 많으리라 믿습니다.

화장실은 화장실입니다. 여자들도 얼굴을 씻고 다듬을 때 화장실에서 하는 것을 보았습니다. 활용할 가치가 있는 곳입니다. 21세기는 시간 싸움입니다. 단 몇 초라도 허비하지 않았으면 합니다.

쓰레기 더미에서도 장미는 피어나고 진흙탕 속에서도 아름다운 연꽃은 피는 겁니다. 화장실에서 좋은 아이디어가 떠오른다면 거기는 머리방입니다.

공간 활용, 대전 둔산동 햇님 아파트에서 출발하는 햇님 산악회 박상일 시인도 이런데서 「구더기」라는 시를 탄생시켰답니다. 구상을 잘했다고 봅니다.

12. 중간 알선책

　중간 알선책 하면 사람들을 으레껏 어떤 범죄조직의 일원으로 생각할 수 있습니다. 하지만 저는 지금까지 살면서 그런 불순한 세력에 가담해 본적이 한 번도 없었습니다. 줄 곧 자영업에 종사하다가 최근에 와서야 업종을 바꾸었습니다. 조금 누추하기는 해도 많은 사람들이 거기에 매달린 것처럼 저도 아파트 청소 일을 담당하고 있습니다.
　그러면서도 이따금 일거리를 찾는 사람들에게 직업을 알선하고 직접 사람도 소개하고 있습니다. 본업 외에 이런데 손을 댄지가 벌써 2년 가까이가 됐습니다. 처음 집에서 직장까지의 거리는 걸어서 10분 정도면 충분히 닿을 수 있는 가까운 곳이라 자동차를 굴리지 않아도 출퇴근이 가능해 운동 겸 줄 곳 걸어 다녔습니다.
　마음먹기는 이제 나이도 먹고 늘그막이 또다시 직장을 옮기거나 직업을 바꿀 생각은 없었습니다. 특별한 이변이 없는 한 무엇을 더해볼 생각도 없었습니다. 그런데 직장에서 근무한지 일 년 넘어 2년째로 접어든 두 번째 달에 별것도 아닌 아주 사소한 일로 같이 근무했던 여성 미화원한테 호된 봉변을 당하다 보니 마음이 바뀌었습니다.
　창피하고도 부끄러워 더 이상 머무를 수가 없었습니다. 정 깊은 동료들과 눈치 빠른 관리소 직원들은 사표만은 거두어 달라고 만류했지만 한번 내린 결정 번복할 수는 없었습니다. 기어이 제 고집을 피우고 인사를 하고 나왔습니다.

그 후 아는 분을 통해 어느 용역업체 과장님의 주선으로 다정동의 신규아파트 미화반장으로 그곳에서 석 달간을 일했습니다. 그러다 제 취향에 맞지 않아 다시 다른 아파트로 자리를 옮겼습니다. 세 사람이 해야 할 일을 두 사람이 하다 보니 견딜 수가 없었습니다.

입사 두 달 만에 몸이 반쪽이 되었습니다. 때마침 전에 저를 미화반장으로 채용해 쓰시던 용역업체 인사과장님께서 다시 제가 사는 집 근처 아파트로 오게 하여 그리고 가게 되었습니다.

여긴 세대수가 많았습니다.

1,600세대 대 단위 아파트에 미화원이 16명, 그중에 외곽 미화원이 네 사람. 한사람은 지하주차장만 전담하고 나머지 우리 세 사람은 각자 여섯 개동 600세대 재활용장 여섯 개를 돌아야 했습니다. 적은 게 아니었습니다.

제가 맡은 600여 세대 중 절반가량은 임대아파트라서 3년이 넘은 아파트는 기한이 만료되어 늘 이사 가고 또 오고 신규입주 아파트 못지않게 작업량이 폭주해 한 달 만에 손목이 아파 더 이상 견딜 수가 없어 여기서도 손을 뗐습니다.

부인은 제가 오래 머물지 못하고 자주 옮겨 다닌다고 소문나겠다고 염려했지만 그러나 인심은 잃지 아니했습니다. 어딜 가든 언제 떠날지 몰라도 혼신의 힘을 다해 일을 했기 때문에 눈밖에 벗어나지는 아니했습니다.

그만큼 인간관계에도 각별히 신경을 썼습니다.

어느 철학자의 말대로 의인(義人)은 사귐을 끊어도 악성(惡性)을 남기지 않는다고 나중 헤어질 때를 고려해 좋은 평을 들으려 많은 애를 썼습니다. 또한 떠난다고 나 몰라라 하지 않고 종종 연락을 취하곤 했습니다. 그러다 그곳에 사람이 필요하다하면 수소문해서 사람을 심어주고 인력사무소 노릇도 했습니다.

제가 저의 일 말고도 이런 일을 하는 것은 세종 신도시 안에는 이런 직업소개소나 인력사무소가 없는 까닭입니다. 취직을 하려면 노인 일자리 지원센터나 관련된 기관을 통하지 않으면 어쩔 수 없이 인맥을 통하는 수밖에 별 도리가 없는 겁니다.

그렇게 해서 직장도 구하고 일자를 얻은 사람들은 다들 저를 은인처럼 여기게 됩니다. 반장님, 반장님, 고맙다며 인사로 밥 한 끼 대접 하겠다고 합니다.

지금까지 한 열 분을 소개했지만 가장 기억에 남을 만 한 분은 대전에 사시는 70대 여사님이십니다. 그분은 아파트 일을 하다가 알게 된 사이입니다. 그분은 몸도 마음도 건강하신 분이십니다. 단 하나 흠이 있다면 다리를 조금 전다는 겁니다.

그런 이유로 해서 그분은 성심성의껏 일을 잘하시는데도 이상하게 수습기간 3개월을 넘기지 못하고 직장에서 잘리곤 했습니다. 게다가 대전분이라 세종시 사정에는 눈이 어두워 아는 분이라고는 우연히 알게 된 저밖에 없는 분이라 그분은 항상 저한테만 직장을 부탁하고 기다리시는 분이셨습니다.

저는 늘 그것이 부담스럽고 걱정이 되었지만 신앙을 가진 착한 분을 모른 채 외면할 수는 없어 제가 자리를 옮기면서 우선적으로 그분 먼저 끌어들였습니다.

그분은 그렇게 해서 다시 직장을 가지게 되었습니다. 바라던 대로 그분은 원하던 직장에 원하는 노선버스가 닿아 제대로 된 일자리를 찾은 겁니다. 그러니 그 분은 그냥 갈 수가 없었던 것 같습니다.

성경에 예수님께서 열 명의 병자들을 다 고쳐주었는데 그 중에 여덟 명은 다 어디로 가고 단 두 사람만이 그 은혜를 알고 예수님께 찾아와서 이분도 그 은혜를 알기에 아직 한 달 봉급도 타지 않았는데도 불구하고 반장님을 통해 인사로 금일봉도 건네주었습니다. 보람 있는 일입니다.

가외 수입은 그것이 처음이요 상대방이 준다 해도 거절하겠지만 저는 교류 없이도 딱하고 어려운 처지에 놓여있는 사람들을 위해 앞으로도 계속해서 사람을 소개하고 직장을 알선하는 일은 중단하지 않을 겁니다.

13. 주정꾼

　이미 오래전 세상을 떠난 코미디언 이주일 씨는 말하기를 담배 그것은 독이라고 했습니다. 우리나라는 중독성이 강한 술들이 있습니다. 달콤한 술일수록 끊기 어려운 중독성을 가지고 있습니다.
　말은 '변강쇠 주(酒)다', '벌떡주다', '백세주다' 말만 들어도 남성들의 호기심을 자극하는 술들이 많습니다. 정말 먹으면 약이 되고 힘이 불끈불끈 솟아날 것 같습니다. 저도 한때는 그런 꼬임이 넘어간 적이 있었습니다.
　가정형편이 어려워 일찍부터 노동판에 뛰어들면서부터 술의 유혹을 뿌리치지 못했습니다. 이집 저집 품팔이를 하다보면 술을 피할 수가 없었습니다.
　중간 중간 잠깐씩 휴식을 취할 때면 으레 술이 나와 술을 먹게 된 계기가 되었습니다.
　처음 어른들 앞에서 사양도 했었습니다. 어른들 또한 머리에 피도 안 마른 것이 무슨 술이냐고도 하면서 한편으로는 '그래. 술은 원래 어른 앞에서 배워야 한다.'면서 주시면 안 먹을 수가 없었습니다.
　당시는 새참에 간식거리가 술 말고는 별로 없었던 것도 한 요인이었습니다. 어른들 말씀대로
　한참 목마르고 배고플 때 막걸리 한 사발은 갈증을 해소하고 주린 배

를 채워주는 요깃거리가 되기도 했었습니다.

취기가 오르면 어른들이 골려 주려고 그러는 줄도 모르고 잘한다 하면 제가 정말 일을 잘해 칭찬하는 줄만 알고 현혹되어 그저 일을 더 많이 하기도 했었습니다.

한참 간이 부어오를 때는 술에 취해 그저 뭐든지 'OK, OK! 통과, 통과' 끝내주었습니다. 남들은 이병철 하면 돈병철, 돈 많은 부자라고 그렇게 부러워하는데도 저는 저나 내나 하루 밥 세끼 먹는 거 별거냐는 등 대수롭게 생각하지도 아니 했었습니다. 천하 호걸 강석관이 된 겁니다.

술을 배우고 나니 술은 언제나 그렇게 어떤 친구보다도 저를 즐겁게 해주는 것도 알았습니다. 그런 착각에 빠지다 보니 술은 절대 사양할 수 없는 기호 식품이 되었습니다.

저희 아버지께서 저희동네 방앗간 옆 작은 구멍가게를 하나 마련해 주시면서 술과의 인연은 더욱 가까워졌습니다. 당시는 옹기로 만든 큰 술통이 있었습니다.

50세쯤 되어 보이는 아저씨가 대전에서 자전거 뒤에다 싣고 지금의 유성구 신동리(과학벨트 조성지)까지 꼬불꼬불 100리가 되는 길을 배달 왔었습니다. 큰 병 즉 한 되가 들어가는 새파란 10홉 자리 병에 넣어 팔곤 했었습니다.

당시 막걸리는 냉장고가 없던 시절이라 오래토록 상하지 말라고 땅을 파고 단지를 묻어 진액에 물을 섞어 팔았었습니다. 몇 모금쯤이야 몰래먹고 물 한 바가지 부으면 그만이었습니다.

그 때문에 술을 더 자주 접하게 되었습니다. 환상적인 것은 술만 들어가면 생각이 변하고 눈도 변한다는 겁니다.

'전원주'가 '전인화'처럼 예뻐 보인다는 겁니다. 이 마술 같은 쇼에 실수가 벌어지는 것인데 본인은 그것을 인지하지 못하는데서 문제가 생기는 것입니다. 밤새껏 떠들어도 그것이 폐가 되는 줄을 모르는 겁니다.

우리 동네 전 씨라는 사람은 술만 먹으면 부모님에게 행패를 부려 한 번은 동네 분들이 다 나와 누가 패는지 알 수 없게 가마니를 씌워놓고 몰매를 준적이 있었습니다. 지금은 고발감이요 경찰관이 알아서 할 일입니다.

술, 술을 말할 때 흔히들 적당히 알맞게만 마시면 문제될게 없는 듯 가볍게 말을 하기도 합니다. 그러나 술을 그렇게 조절해가며 마시는 사람은 별로 없는 듯합니다. 한 잔 두 잔 하다보면 도를 넘고 과음을 하고 실수를 하게 되는 겁니다.

저는 아파트 청소 3년째입니다. 층간 소음이나 이웃 간의 갈등 때문에 그런 볼썽사나운 일은 줄어들었지만 아직도 아파트 주차장내에 대소변을 보는 사람이 있다는 것입니다.

그 대표적인 예로 성경에 롯이라는 사람을 들 수가 있습니다. 그는 소돔과 고모라의 재앙을 피해 가까스로 피신한 사람입니다.

당시 그 땅에는 그들의 전례에 따라 결혼해줄 상대가 없었습니다. 그러자 두 딸들이 술을 빚어 아버지가 의식을 잃을 정도로 술을 먹게 하고는 오늘은 내가 내일은 네가, 언니 동생이 서로 번갈아가며 아버지와 동침을 해서 애기를 낳았습니다. 그 때문에 자식도 아내가 되고 손자는 자식이 되고 족보를 버리게 되었습니다.

인류역사상 가장 치욕스런 집안 내력을 갖게 된 것입니다. 오늘날 밝혀지지 않아서 그렇지 그런 사건을 비일비재 합니다. 자신으로 하여금 남에게 까지 엄청난 불행을 가져다주는 음주운전도 하나의 예입니다.

성경은 자주 나는 병을 위해 포도주를 조금씩 쓰라고 했습니다. 혈액 순환 장애와 소화기에 도움을 준다는 겁니다. 그러나 곡주의 매출은 많지 않답니다. 소주나 양주를 많이 마신답니다.

우리나라 술 소비량은 세계 1위라고 합니다.

저는 술을 끊은 지 30년쯤 되었습니다. 잊은 지 오래되어 생각나지도 않습니다. 반면에 아직도 술을 끊지 못하고 그 술에 절어 사는 친구도 있습니다. 제발 공동구역 아파트에서 추태를 부리지 않았으면 좋겠습니다. 술 먹고 토한 음식 치우는 날은 밥을 먹을 수가 없습니다.

14. 미화반장의 자리

한 집안에 할아버지와 아버지 나, 그리고 자식과 손주들이 있습니다. 이런 관계는 회사나 어떤 단체 같은 모임에도 있습니다. 이런 점을 감안해서 사람을 채용해 쓰는 직장마다 구인광고를 낼 때에는 다른 용어보다는 함께 일할 가족을 찾는다고 합니다.

제가 다니는 직장도 그렇게 해서 들어갔지만 단순 노무직이라 할망정 사람을 부리다보니 반드시 통제를 위한 명령자가 따로 있고 수행하는 하급자가 따로 있습니다. 즉, 아래에는 자식 같은 일반직원과 직속상사라 불리 우는 작업반장과 중간 역할을 담당하는 주임이 존재합니다. 거기에 소장은 아버지뻘쯤 됩니다.

대표 이사는 최고의 할아버지와 같은 존재로써 가장 어른으로 군림합니다. 그런 계통에 저는 가장 밑바닥 하부조직에 있는 마지막 반장입니다. 일반 사람들은 그래도 반장이다 하면 대단한 줄 알고 출세했다고도 하지만 이 바닥은 아무것도 아닙니다. 경쟁자도 없는 선착순으로 채용해 쓰기 때문에 학벌이나 배경도 필요 없습니다.

화려한 경력보다는 단순 경험만 많으면 들어 쓰기 때문에 통솔력만 보이면 누구나가 다 반장이 될 자격이 부여됩니다. 저는 처음 취직할 때 누가 이런 요령을 알려주어서 그분의 귀띔대로 청소부 경력만 밝힌 것이 발탁의 원인이 되었습니다.

실로 반장이라고 다를 건 없습니다. 동료들과 똑같이 같은 일을 하면서 한 가지 사무실 심부름을 하는 것입니다. 특별히 대우할만한 가치가 없어서 월급도 일반직원들과 비해 단돈 5만 원권 한 장 더 받습니다.

이 돈도 박복한 사람은 한 5일 살겠지만 요즈음 추세로 보아서는 경조사에 한번 주고나면 끝나는 아주 작은 액수입니다. 그래도 반장은 그 직함 때문에 많다 적다 투정도 부리지 못합니다. 그저 임무에 충실할 뿐입니다.

그러면서도 중간에 동료들이 말썽을 일으키면 가차 없이 불려가 책망 받고 다시는 그러지 않겠다고 마치 자기 일처럼 시말서도 써야 합니다. 혼자서 독박을 다 쓰는 겁니다. 나이는 적더라도 무시험 면접으로 채용해 쓰다 보니 노인들이 많아서 때로는 양로원 간병인처럼 돌보고 아우르고 반장으로써 다루기가 힘들 때도 적지 않습니다. 그게 아마도 현장을 뛰는 작업반장의 고충일겁니다.

이렇게 이런 저런 일로 스트레스가 누적되면 병이되고 한번 몸 한쪽이 아프기 시작하면 도미노 이론처럼 연쇄적으로 여기저기가 쑤시고 저려 끙끙 앓을 때도 있지만 이튿날엔 또 달랑 파스 한 장 붙이고 다시 출근 할 때도 있습니다.

민원은 왜 그렇게 많은지 까탈스러운 사람이 입주하게 되면 단 하루라도 잠잠할 날이 없이 일에 시달려야 합니다. 사무실에서는 입주민에게 쓰레기 분리를 철저하게 당부해도 막무가내 그냥 내다 버리는 사람이 있고 알만하고 각 가정마다 쓰레기 배출함 열쇠를 지급했지만 나 몰라라 음식물에 캔과 유리병 깨진 사기그릇을 함께 담아 몰래 버리는 얌체 같은 사람도 꽤나 많이 있습니다. 그런 걸 바닥에 쏟아놓고 일일이 분리하다 보면 많은 시간을 허비하고 표적 없이 하루해를 보내기도 합니다.

　고양이 똥과 개똥을 섞어 버리면 얼마나 역겹고 거북한지 때가되어 밥을 먹을 때에도 차마 음식물이 제대로 넘어가지 않을 때도 있습니다. 그렇다고 누구에게 떠넘기거나 일임을 할 수 없습니다. 다 책임 맡은 반장의 몫입니다.

　함께 입사는 했어도 더 이상 더러운 꼴 보지 않겠다고 나가면, 다시 들어온 사람 데리고 다니며 가르치고 지도하고 교육도 필요합니다. 이 일이 단순하지만 하루 이틀에 숙달되는 게 아닙니다. 매일같이 하는 일, 그 일이 그일 이지만 베테랑은 남다르기 때문입니다. 그저 희생정신이 아니면 감당할 수 없는 일입니다.

　저는 그래서 욕심 없이 사람을 알고 깨우친다는 목적으로 삽니다. 별에 별사람, 별에 별일들이 다 있기 때문에 저는 오늘도 그러려니 합니다. 반장, 별것도 아니지만 아무나 할 일은 아닌 듯싶습니다.

- 2017년 4월

15. 부끄러운 태생

늘 청소도구를 들고 다니며 아파트 단지 내 구석구석을 쓸고 닦는 우리 부서 미화원 한분이 그동안 시골에서 운행되던 노선버스의 변경으로 출퇴근이 어렵게 되어 고민 끝에 결국 사표를 내고 직장을 떠나게 되었습니다.

그가 맡았던 아파트는 23층짜리 2동입니다. 주일날 빼고는 항상 깨끗이 청소가 되었던 곳이라 조금만 더 워도 금세 민원이 들어오는 곳입니다. 단 이삼일도 비워 둘 수가 없어 일주일 전 반장을 통해 보고받은 사무실에서 구인광고를 냈는데 채 3일도 안되어 말쑥하게 생긴 부인 한분이 들어왔습니다.

그 분은 몸매 관리를 어떻게 했는지 예순 여덟 전임자보다 한 살 적을 뿐인데 허리가 곧고 조금 더 젊어보였습니다. 여자로서 여자의 면모는 갖추었다고 봤는데 어인일인지 겉보기와는 달리 그 분은 입이 참 쌌습니다. 입이 얼마나 가볍고 말이 많았는지 잠시도 그냥 있지를 못했습니다.

이사람 저사람 다섯 사람이 하는 말을 그냥 듣고 넘어가는 법이 없었습니다. 그렇지 않아도 여자들 셋만 모이면 접시가 뒤집어 졌다 없어졌다 한다는데 이 분까지 가세하니 장내는 항상 왁자지껄 조용할 날이 없이 시끄러웠습니다. 얼마나 요란하면 휴식시간도 없었습니다.

이름만 대면 금방 알 수 있는 큰 분유회사를 무려 14년 동안이나 장기근속을 했었다는 데 거기서는 말만하는 부서가 있었는지 정말 참 말이 많았습니다. 오죽하면 말 많은 여자분들 조차도 싫어했지만 그 분은 그런 눈치도 없이 막무가내로 지껄여 댔습니다.

저는 저러다 언젠가는 한 번 터지겠다. 했는데 정말 용하다고 소문난 점쟁이처럼 입사 일주일도 안 되어 동료들과 한바탕 싸움이 벌어졌습니다.

상대는 서로지지 않으려고 얼굴을 붉혀가며 고성이 오고 갔습니다. 더 이상 방관하다가는 기어이 무슨 일이 날 것 같아 제 눈짓에 얼른 반장이 그 분을 밖으로 데리고 나가고 뒤따라 저도 나가서 간신히 그분을 진정시켰습니다.

대개는 이런 정도의 홍역을 치르면 다음부터는 좌중하고 조심하는 법인데 그 분은 '소귀에 경 읽기'였습니다. 그렇게 혼쭐이 났음에도 그는 또 다시 며칠 만에 또 일을 벌였습니다. 하필이면 점심시간인데 성질난다고 자리를 뜬것입니다.

우리 아파트는 여기가 아지트요 갈 곳이 없습니다. 유일한 공간이라면 걸레 빠는 곳입니다. 그래서 달래본다고 제가 보온병에 끓여온 모과차를 들고 찾아가 조심스럽게 달래며 위로를 했었습니다.

"저, 조 여사님 울어요? 그렇게 마음이 아프신가요?"

하고 묻자 그분도 사람인지라 민망했는지

"저 원래 태생이 그래요"

하고 대답했습니다. 그 분은 그게 겸손이다 생각한 것 같습니다. 그게 결코 자랑은 아닌데 아마도 그 분은 도산 안창호 선생은 '하루라도 책을 읽지 않으면 입안에 가시가 돋는 것 같다'고 했는데 조금이라도 참고 있으려면 입안이 근질근질 가려워 견딜 수가 없는 가 봅니다.

그 분은 그 분께서 얘기 중에 밝힌 것처럼 그 분의 남편께서 7년 전 세상을 떠나기 전 까지 교직에 있었으며 그렇게도 행복했다 했듯이 정말 그런 아내를 두고 두 분이 알콩달콩 해로하며 살았는지…. 어쩌면 저런 분을 포용하며 살았을까? 속은 괜찮았을까? 의문이 가기도 했습니다. 그 분은 결국 두 달을 넘기지 못하고 이 직장을 떠났습니다.

일주일 후 지나는 길에 들렀다며 자문자답하기를 5일 근무제라 여건이 좋아 학교에 근무한다고 하더니 또 일주일 만에 어느 아파트 앞 상가 건물 청소를 하게 되었다고 했습니다. 그리고 보니 세 살 버릇 여든까지 간다고 태어날 때 어떡하든 애들 성질머리를 바로 잡아 주지 못하면 반드시 커서도 그 버릇 그대로 유지 할 텐데…. 아마도 그 부모님은 딸이 귀여워 그냥 내버려 두고 키웠나봅니다.

태생, 글쎄요…. 의사는 병을 고치지만 심리학자들은 이도 극복 가능하다 말합니다. 그 분은 지금이라도 다툴 때마다 자신을 돌아보면 알 것입니다. 그 분의 성격을 고치지 않은 한, 한 직장에 오래 머무르기엔 한계가 있어 보입니다. 돌아보면 부끄러운 일입니다.

- 2017.03.20.

제2부

내 인생 최고의 날

16. 단체복과 검정 고무신

　제가 다니는 직장은 아주 작은 데도 직원들이 입는 근무복이 따로 있습니다. 통일된 복장은 단체 생활에 있어 엄격한 규율과 질서 유지와 업무 능률도 향상 시키는 특별한 장점을 가지고 있습니다. 사무실에서 누가 직원이며 주민인지 알아보기 쉽도록 조치를 취한 겁니다.

　전 직원이라 해야 사무실까지 합쳐 고작 17명뿐입니다. 그중에 경비원 다섯 명과 우리 미화원 여섯 명만 이런 복장을 하고 근무를 하고 있습니다. 가슴에는 학생 같은 명찰을 달고 운동화를 신은 경비원과는 달리 우리는 업무의 특성상 수돗가에서 걸레를 자주 빨다 보니 장화가 지급되었습니다.

　장화는 추울 때 신는 것과 더울 때 신는 것 두 가지가 있습니다. 입주 초기에 들어온 사람들은 처음부터 각자 신체에 따라 사이즈별로 신발을 사다주어 아무 문제없었지만 잠시 일을 하다 그만둔 사람들이 벗어 놓고 간 다음 5개월 후 세 사람이나 바뀐 상황에서 그 후임으로 입사한 저 같은 사람은 무조건 전임자가 입던 옷과 신발을 신으려니 서로 크기가 달라 체신이 적은 저에게는 상의가 얼마나 큰지 마치 어린 아이에게 어른용 점퍼를 입혀 놓은 것처럼 크고 신발을 나룻배처럼 커서 터덜터덜 발자국을 뗄 수 없을 정도로 불편해서 신을 수가 없었습니다.

　도저히 이런 복장으로써는 일을 할 수가 없어 반장을 통해 신발만이라도 다시 사달라고 주문을 했지만 돌아온 대답은 자주 사람이 바뀌어서 그런지 매번 사람이 바뀔 때마다 신발을 사줄 수 없다는 것이었습니다.

그럴 수도 있을 겁니다. 그렇다고 이 작은 일로 회사를 그만 둘 수도 없고 일을 해야 돼서 궁리 끝에 굳은 날씨에 딱 신기 좋은 검정 고무신을 차에 싣고 다니는 게 생각나서 그걸 꺼내 신기로 했습니다.

이 검정 고무신은 시대에 밀려 거의 찬밥신세가 되었지만 쓰임새는 지금의 멋진 신발들보다 훨씬 다양해 각광받던 시절이 있었습니다. 저는 네 살 때 처음으로 이 검정고무신을 신었던 걸로 기억하고 있습니다.

그 때 지금의 세종시에 편입되어 행정중심 복합도시가 되어버린 흔적조차 찾을 수 없는 연기군 금남면 석교리에 사시는 저희 어머니의 큰 오빠 되시는 큰 외삼촌께서 이 검정 고무신을 사다 주셔서 신게 된 동기가 되었습니다.

지금은 신발은 점차 고급화, 다양화되어 시세 없는 검정 고무신은 시장 가게 한 모퉁이에 처박혀, 지금은 도 닦는 절간 스님 외에는 찾는 이가 거의 없지만, 50년대만 해도 이 검정 고무신은 신발 업계를 주름잡을 만큼 불티나게 팔렸던 신발이었습니다. 우린 이걸 신고 등교했다가 집에 돌아오는 길 냇가에 송사리 떼를 만나면 그 한쪽을 막고 바가지 대신 이 검정 고무신으로 고인 물을 퍼내고 고기를 잡기도 했었습니다.

고기를 잡고 담아 올 그릇이 없을 때에도 우리는 이 검정고무신을 활용해 고기를 담아 오기도 했었습니다. 밑창 닳은 고무신은 눈에 잘 미끄러져 겨울이 오면 우리는 스케이트처럼 이용해 놀이를 삼고 앞에서 끌도 뒤에서 밀면 쪼그려 앉은 친구는 영락없는 썰매 탄 기분으로 무척 좋아했었습니다.

   말도 잘 안 듣고 빵조리 같은 친구들은 얼마나 영악한지 신발을 오래 신다 질리면 송곳을 가져다 신발에 구멍을 내고 물이 새어 더 이상 신을 수 없다고 부모님을 졸라 새 신발을 사서신고 구멍 난 헌 신발을 엿장수와 엿과 맞바꾸어 먹기도 했었습니다.

   곡식 담는 가마니를 치기위해 새끼를 꼴 때면 모두들 남의 집 사랑채에 모여 시합도 하고 진짜도 아닌 지어낸 귀신 얘기를 하다 밤이 으슥해서야 집에 갔었습니다. 검정 고무신은 이때 주인이 바뀌었습니다.

   전기도 없는 등잔불 아래서 일할 때보다 대충 그냥 문수만 맞으면 신고 오다 보니 자주 그런 일이 발생하곤 했습니다. 천편일률적으로 모양과 색깔이 다 같아서 쉽사리 구분하기가 힘들어 벌어진 일이었습니다.

   한 국민이 가장 많이 신던 검정고무신 대중적 인기가 얼마나 많았는지 수십 년이 지난 지금도 그때를 잊지 못해 검정 고무신은 노래가 되어 요즈음 매스컴을 타고 있습니다. 그 노래 가사처럼 어머님이 아끼시던 검정 고무신은 오늘 저에게도 함부로 다룰 수 없는 아주 분신과 같은 소중한 역할을 할 것입니다.

   가볍고 질기고 실지 신어 보면 얼마나 편한지 그 진가를 알 수 있습니다. 물에 잘 젖지도 않고 검어도 검은 줄 모르는 검정 고무신은 청소 일을 하는 저에게는 두말 할 나위조차 없는 딱 어울리는 작업화입니다.

   구두가 무겁게 느껴지는 나이로 볼 때 어쩌면 무덤까지 갈 것처럼 느껴집니다. 어쩌면 저 같은 사람들 때문에 60년 전 유행이 지난 검정 고무신이 지금도 그 명맥을 유지하는지 모르겠습니다.

- 2017. 7.30

17. 직업 선택

　제가 잘 아는 사람 중에 이발소를 운영하는 사람이 있습니다. 나이는 저보다 한 살 위지만 저는 이따금 이발을 하러 가는 그 가게 손님이라 주인은 저를 아랫사람으로 내려 보지 않고 언제나 윗분으로 보기 때문에 저를 왕처럼 받들어 주기도 합니다.
　한 시간 머리 깎고 거의 돈 만원을 받으면서 나이 70이 넘은 양반이 손아래 동생 되는 사람들한테 굽실굽실 예예, 하는 겁니다.
　손님에게 아첨하는 식으로 '머리숱이 많네요', '흰머리도 적은데요. 관리를 잘하시는 것 같습니다.' 서비스도 이만저만이 아닙니다.
　그분은 그런 일을 지금까지 줄곧 40년 동안 해오고 있답니다. 어찌 보면 긴 세월 싫증이 날 법도 한데 그는 투정한번 부리지 않고 이날 이때까지 이발소를 운영해오고 있답니다. 새벽부터 찾아와 기다리는 손님들 때문에 엉뚱한 생각은 할 겨를도 없는 겁니다.
　달랑 가위하나 들고 하루를 지내는 셈입니다. 하루에 손님 받는 양도 정해져 있습니다. 오후 여섯시가 넘으면 대통령이 와도 그는 어김없이 문을 닫습니다.
　한 시간에 보통 한사람 저녁 7시가 되면 영업을 끝내니까 하루 평균 약 14~15만원을 법이다. 일주일에 한 번은 반드시 쉬기 때문에 그는 월 평균 400만원의 소득을 올리는 겁니다. 우리와는 비교도 안 되는 거액입니다. 그렇다고 우리처럼 고되거나 버겁지도 않습니다. 추우나 더우나 계절에 관계도 없습니다.

정말 남부러울 게 없는 직종입니다. 특이한 점은 미용실처럼 남자들도 모이면 이런저런 군대와 정치등 사회전반에 걸쳐 얘기를 나누기 때문에 잠시도 외롭거나 쓸쓸할 때가 없다는 겁니다.

정보의 집산지 같아 이곳에 오면 필요한 정보도 얻어 때로는 아픈 병도 치료될 때가 있기도 하는 곳입니다. 이분은 일찌감치 어르신들의 말대로 한 우물만 파게 되어 오늘날 아무런 구애 없이 평온한 삶을 이어가는 것 같습니다.

저는 그 이발소 사장님과 거의 같은 나이지만 얼마나 많은 직업을 가졌었는지 자그마치 열아홉 번 더 이상 직업을 바꾸고 싶어도 제 나이로 보아서는 이번 아파트 청소가 마지막 직업이 될 것 같습니다. 뒤늦게 깨달았지만 직업선택, 정말 잘해야 될 겁니다.

우선보다는 나중시대의 변화도 예측돼야 할 겁니다. 저는 어려서 초등학교를 졸업하고 곧바로 사회생활을 시작했습니다.

워낙 못 살고 가난했기 때문에 한 푼이라도 벌어야 된다고 저희 부친께서 동네 방앗간 옆 작은 가게를 하나 구해 주셔서 그때부터 장사를 시작한 계기가 저를 수없이 이동시켰습니다. 그 뒤 55년 동안 이곳저곳을 전전하며 파란 많은 인생을 살아왔습니다.

그중에 똑바른 직업을 손꼽으라면 받은 만큼 주고 또한 준만큼만 받았던 학교 앞 문방구밖에 생각나지 않습니다. 정직한 직업이지만 이문은 정말 박했습니다.

이러다가는 언제 빚을 질지 몰라 그것도 단 2년 만에 청산했습니다.

기술도 대상이지만 막연한 기술보다는 당장에 배고픈 저에게는 호주머니에 들어오는 돈이 필요하여 또다시 장사의 길을 택하게 된 겁니다.

그렇게 흘러 흘러 여기가지 오고 보니 이발소 사장님을 볼 때마다 많은 후회가 밀려오기도 합니다. 예약도 없고 취소도 없는 직업, 이발소. 그들은 상호에 대한 홍보도 없습니다. 다 제 발로 찾아오는 직업이기 때문입니다.

우린 스스로 찾아다녀야 합니다. 잘 갔다 하더라도 어딜 가나 주민들이 버리는 쓰레기를 치워야 하고 매연에, 미세먼지, 손발은 불어 터지고 몸은 만신창이요 힘은 들고 어려워도 한 달 고작해야 청소 미화원에게 지급되는 봉급은 한 달에 백사오십만원선입니다.

말은 옛날부터 '개같이 벌어 정승같이 쓰라'고 했지만 실지 그럴 수 있나 우리는 쉽사리 이해가 가지 않는 용어입니다. 할 수만 있으면 반드시 직업은 가려야 합니다. 사람이 추한 일을 하게 되면 사람자체도 추하게 보기 때문입니다.

18. 고춧가루 파동

저희 집에는 저와 부인 두 늙은 내외 단둘이서만 삽니다. 단출한 두 식구에 들어가는 것도 별로 없는데 먹성마저 좋지 않아 한번 음식을 장만했다하면 적은데도 불구하고 적어도 한 일주일 이상은 간답니다.

입맛이 까다로워 조금만 맵거나 짜거나 간이 안 맞아도 깨지락깨지락 음식타박을 하다 보니 가끔은 먹다 남은 음식이 쉬어 터져 버릴 때도 있습니다. 그 때문에 일부 반찬거리가 떨어져도 금방 장을 봐오지 못합니다.

유성이나 조치원은 5일에 한번 고정적인 5일장이 열리지만 그나마도 제가 직장이라고 다니다 보니 바빠서 장을 볼 시간은 별로 없습니다.

장을 본다고 많은 찬거리를 사오지도 않습니다. 100세가 다 되신 부모님들이 즐겨 드시는 미나리나 골파, 부추, 양배추나 과일 등과 부인이 즐겨먹는 생선종류 몇 가지 뿐 많지도 않습니다. 더불어 양념류 또한 한번 떨어졌다하면 한 달반 이상 꽤나 많은 시간 벼르고 별러야 사오게 됩니다. 금년에는 찬장 밑에 고춧가루가 바닥났는데도 몰랐습니다.

부인은 저를 볼 때마다 고춧가루 노래를 불렀는데도 저는 그놈의 정신머리가 나빠 깜박깜박 하다 보니 어느 때는 기회가 닿는데도 잊어버리고 고춧가루를 사오지 못했습니다.

그래도 현숙한 부인은 잔소리도 하지 않습니다. 한때 목사님 사모님

들으면서 살아서 그런지 내조라는 단어에 맞춰 살려 합니다.

부인은 그런 제가 걱정이 될 때면 자꾸만 '정신머리, 정신머리' 하면서 자책하지 말라고 하나하나 찬거리를 적어주기도 합니다. 그렇게나 속 깊은 배려에도 저는 어찌된 영문인지 치매 노인처럼 그 적어준 메모지를 주머니에 넣고는 그것도 생각나지 않아 갔다가도 도로 오곤 합니다. 큰 문제입니다.

내일은 주일입니다. 부모님도 유성에 계시고 제가 다니는 교회도 유성입니다. 그런데 공교롭게도 내일 6월 24일 주일날 유성장이 서는 날입니다. 내일은 무슨 일이 있어도 꼭 고춧가루를 사와야 합니다. 제발 이번에는 빼먹지 않기를 기도할 뿐입니다.

그동안 고춧가루가 없어서 부침개나 국도 끓여 먹지 못했습니다. 그런데 오늘 904동 재활용장 안에서 쓰레기 분리 작업을 하다가 우연히 검은 봉지에 쌓인 큼지막한 고춧가루 봉지하나를 발견했습니다. 얼마나 잘 된 일인지 모릅니다.

고춧가루는 봉지나 크기로 보아서 본인이 먹자고 미련스럽게 한꺼번에 그 많은 양을 사지는 안 했을 텐데 이는 필시 그 버린 분의 부모님께서 자식 내외가 두고두고 아껴 쓰라고 손수 농사지어 수확한 것을 방앗간에 가지고 가 해 온 것을, 복잡한 과정이나 수고는 생각하지 않고 저 싫다고 불편해 그 부모님이 가시자 내다버린 것 같았습니다.

혹시나 해서 집에 가져와 봉지를 뜯어보니 고춧가루는 탕 나지도 않고 이상 없이 멀쩡했습니다. 저는 돗자리만한 큰 보자기를 펼쳐놓고 그 뒤에 쏟아 넣어놓았습니다. 정말 많았습니다. 이 정도의 양이라면 붉은 고추 40근은 족히 빻아야 합니다.

금액으로 쳐도 10만원 상당은 족히 넘을 큰돈을 들여야 할 겁니다. 우리 두 식구가 먹는다면 2년 이상은 걸릴 양입니다. 그런데 자식들은 아까운줄 모르고 부모님의 공과도 모르고 미련 없이 내다 버린 겁니다.

세상에 이 많은 고춧가루를 공짜로 얻다니 이제 부인의 한을 푸는 것 같아 기쁜 마음으로 손녀딸을 봐 주러 간 부인한테 즉시 전화를 걸었습니다. 이런 내용을 모르는 부인은 평상과 같은 어조로 전화를 받았습니다.

"넹~ 퇴근은 하셨나요? 오늘도 수고 많았습니다."

"음~ 당신 그동안 고춧가루 성화를 냈지, 오늘 당신 원 풀어주려고 고춧가루 한 봉지를 사왔지."

"잘했어요!"

"그게 아니라 오늘은 고춧가루를 다 주워왔네!"

"저런 아까 워라~ 우리가 하도 고춧가루 노래를 부르니까 하나님이 보내 주셨는가 보네요. 신문지나 어디다 잘 펼쳐나 봐요."

"음, 벌써 다 그렇게 했지. 이거 우리가 더 먹기에는 보관에도 문제가 있고 해서 당신 두 딸내와 시골 어머니 그리고 제수씨네도 조금 드려야겠어."

그러고는 늦게 집에 돌아온 부인과 함께 네게의 반찬통에 담아 나누어 주었습니다. 시골 어머님은 제 얘기에 놀라시며 말씀하셨습니다.

"아이고~ 야야 글쎄 그렇다더라."

"옹예네 엄마 알지? 그이도 청소하러 댕기잖니? 옹예네 엄마도 어떤 때는 찹쌀도 주어다 먹고 깨도 주어다 먹고 한다더라. 자식한테 줄 거 없다더라, 주면 버린다더라."

어머니는 본래 시골생활에 익숙하신 분이라 농사에 대해서는 더 이상 우리가 말할 수 없습니다. 얼마나 힘들고 어려운지 잘 아십니다. 고추농사가 제일 맵다 하십니다. 그래서 지금은 형님이 사주신 작은집 텃밭에 마늘과 파, 콩을 심으셔도 고추는 안 심으십니다. 그래도 올해는 제가 갖다 드린 고춧가루 덕에 고춧가루 파동은 겪지 않으실 겁니다. 네 다섯 집이 충분한 양입니다.

19. 부인의 생활

옛날 가수 김상희씨가 부른 노래 중에 〈단발 신사〉라는 노래가 있습니다. 단벌신사 우리 애인은 서른한 살 노총각님 단벌옷에 넥타이 두 개 언제나 변함없죠. 이렇게 시작되는 이 노래는 그가 즐겨 부르던 명곡 중에 하나로 한때 반짝 히트를 쳤던 곡이기도 합니다. 이런 노랫말을 들어보면 당시 시대 상황을 가늠해 볼 수 있습니다.

1960년대에 일어난 일들입니다. 그 당시 저는 초등학교를 졸업하고 곧바로 서울에 와서 기술을 배우겠다고 어느 집에서 한 달 월급 500원을 받고 일할 때 이었습니다. 절박한 시대였습니다.

대부분이 다들 힘들고 어렵게 살던 때라 그 당시는 물자도 귀하고 돈도 참 귀했습니다. 무언가 필요해서 물건 하나만 장만하려면 벼르고 별러 큰맘 먹고 용기를 내야만이 겨우 장만할 수가 있어 그 당시 양복 한번 해 입기란 쉬운 일이 아니었습니다. 소위 100쪽 치마라는 말이 탄생할 정도로 주부들은 옷이 낡고 해어지면 깁거나 꿰매어 입는 게 예사였습니다.

멋진 신사복 한 벌 입었다하면 남의 시선을 끌만했었습니다. 잘 사는 집안의 자제로 알려지기 쉬웠습니다. 그러므로 가난한 사람일수록 그런 모습을 감추고 있어 보이기 위해 옷을 더 잘 입으려고 애를 쓰기도 했었습니다. 아마도 작사가는 이런 모습에서 시대를 반영하듯 이런 노래

가사를 지었다고 봅니다.

지금은 노인들의 기억 속에서 들어있는 이 노래는 부르는 사람이 없습니다. 따라서 어쩌다 가요무대가 아니면 듣기 힘든 노래가 되었습니다. 50년이 지난 지금은 가관도 아닙니다. 잘 사는 사람이나 못사는 사람이나 좋은 옷이 넘쳐 납니다. 계절에서 계절로 넘어가는 시기에는 신사정장 한 벌에 단돈 50,000원 밖에 안합니다. 맘 놓고 골라잡기도 합니다.

지지난 장날에는 입던 옷이 너무 낡아 바꾸어 입으려고 바지 하나를 구매하러 갔습니다. 겨울 추위 때문에 끝단이 동그랗게 오므라져 바람 한 점 들어오지 않는 몸빼 바지를 골랐습니다. 속이 부드러워 내의처럼 기모까지 들은 겹바지는 제가 일할 때 입는 작업복으로는 너무도 딱 좋았습니다. 한겨울 추위에 눈에 드러누워도 추울 것 같지 않은 아주 좋은 상품인데도 값은 겨우 단돈 만원이었습니다.

싸다싸다 해도 이렇게까지 값이 쌀 수가 있나 거저 가져가는 느낌이었습니다. 이처럼 질 좋고 값싼 옷들이 많아보니 아파트 재활용장 의류함에는 입다가 버리는 옷들이 날마다 쏟아져 나오는 겁니다. 어제도 청소를 하다가 하나를 주워왔습니다. 일주일이면 보통 제 키보다 조금 높은 의류 함 통에 한통씩 채워지고 넘칠 때도 있습니다.

양이 얼마나 많은지 아파트 전체 열일곱 군데를 전부다 수거하면 1톤 트럭으로도 한 차가 넘쳐 바닥을 채우고도 남아 더 많이 싣기 위해 업체는 화물 적재함 난간을 높게 덧대어 포장을 씌워갑니다. 그중에 옷이 낡아 꿰매어 입은 옷은 전혀 없습니다. 모두가 입다가 유행이 지났거나 싫증나서 버리는 것들입니다.

때로는 살 때는 무슨 생각으로 샀는지 어느 때는 아예 포장도 뜯지 않은 멀쩡한 새 옷을 발견할 때도 있습니다. 참 아까운 생각이 들지만 욕심이 나도 부인체형이 맞지 않으면 다시 고치는 수선비가 더 들어 대략 사이즈에 맞는 옷만 골라오게 됩니다.

부인도 시대와 멋을 알기에 품질과 색깔도 살펴 골라오기도 합니다. 그러면 없어도 잘 내색을 하지 않는 부인은 이렇다 저렇다 투정한번 하지 않고 주는 대로 깨끗하게 다시 세탁해 입습니다.

제가 2016년 처음으로 입문 했으니까 올해도 햇수는 2년째입니다. 그동안 얼마나 달라졌는지 우리 집 구석구석은 살펴보니 정말 많은 것들을 사는 집처럼 보였습니다. 모두 다 이런 과정을 통해 마련한 살림살이들입니다.

엊그제는 명절이라고 오랜만에 제 딸이 잘 꾸며진 거실하며 엄마방 옷장을 보고서는 놀랐습니다. 2년 전 텅 비었던 옷장이 제법 꽉 차있기 때문입니다. 갈아입고 외출할 옷이 없어 지금 요양원에 입원중인 95세의 장모님이 입던 바지를 입고 다니던 사람이 지금은 탤런트 못지않게 시시 때때로 갈아입고 외출을 하니 옷 타령은 없는 겁니다.

같이 일을 하는 조 씨는 그런 저를 볼 때마다 아주 많이 질색을 하기도 합니다. 그는 구질구질한 사람이 아닙니다. 절대 저와 같은 짓은 안하는 사람입니다. 그런 깔끔한 성격을 알기 때문에 당연히 거절할 것을 알고 어느 때는 조 씨를 생각하는 척 -

"어이~ 조씨, 이거 어때요?"

양보하겠으니 가져가려면 가져가라는 뜻으로 부르지만 제 마음은 습관처럼 이미 청소도구가 실려 있는 리어카에 이 옷은 던져 넣습니다.

한 일주일 전에는 이주 샛노란 스웨터 하나를 가져왔습니다. 정말 쓸 만한 물건들을 너무 함부로 버리는 것 같습니다. 저는 그런 것들로 이사 2년 만에 한 살림을 차렸습니다. 아주 근사한 양주병도 수집하다보니 커다란 진열장을 두 개나 채우고도 남아 멋진 인테리어가 되었습니다.

언제나 그런 사람들 때문에 제가 덕을 보면서도 스스로는 그렇게 구입할 수 없는 시골에서 부모님이 농사지은 곡식이나 채소 같은 것을 버릴 때는 저 조차도 '이 벼락을 맞을 년들! 상한 콩 그거 몇 개를 고르기가 귀찮아 버렸겠지'하면서 그 하나 때문에 우리나라는 한 번 더 금융위기가 닥쳐야 된다고 나라까지 들먹이곤 합니다. 그 부모가 알면 기절초풍할 노릇입니다.

요즈음은 우리 부인, 호강 아닌 호강을 하고 있습니다. 견과류, 건어물과 혼합곡도 있어 부식비 지출이 현저하게 줄어들어 가게에 많은 도움이 되고 있습니다. 미미하나마 적금도 조금씩 하고 있습니다.

오늘도 저는 평소와 같이 아파트 한 바퀴를 돌 겁니다. 입주 아파트가 얼마나 힘든지 저녁이면 끙끙 앓는 소리를 하지만 저를 기쁘게 할 어떤 보물단지를 발견했는지 모릅니다. 살림이 늘어날 때마다 우리의 행복도 느는 것 같아 직업에 대한 회의는 없습니다.

- 2019. 2. 25.

20. 유리병

　2년 전 아파트 청소 일을 하다 보니 아파트 주민들이 쓰다 버리는 생활쓰레기가 얼마나 많은지 절실히 느꼈습니다. 버리는 양도 어마어마하지만 가지 수도 상당히 많다는 것을 실감했습니다. 제가 지금까지 70여년을 살았지만 이것이 무엇에 쓰는 물건인지 처음 보는 것도 있습니다. 또한 용도는 알지만 쓰다가 싫증나서 버리는 물건도 적지 않다는 것도 알았습니다.

　별의 별것이 다 있어 이런 것을 수용하기에는 쓰레기장도 아파트 한 채만큼이나 넓지만 종전에 지어진 아파트들은 너무 비좁고 협소에 사실상 쓰레기장이 부족한 상태입니다. 그러므로 여러 가지 품목대로 다 보관해 놓을 수가 없어 아파트에서는 대략 한 열 가지 정도로 구분해 놓고 담을만한 그릇을 준비해 놓았습니다. 일주일 분량입니다. 그러면 우리가 가서 그런 물건들을 정리하면서 전혀 활용할 가치가 없는 물건들은 폐기물로 분류해 딱지를 붙여 처리하곤 합니다. 그러면 우리가 가서 정해진 날짜에 와서 수거를 해갑니다.

　이런대로만 분리를 잘해도 우리 청소부들 일은 한결 수월하고 비록 쓰레기만 버려지는 장소라 해도 어느 정도는 깨끗해질 수 있다고 봅니다. 허지만 일부 몰지각한 주민들의 버릇없는 행동 때문에 쓰레기장은 좀처럼 나아질 기미가 없어 보입니다.

관리소에서 게시판에 계도문을 붙이고 또한 구내방송을 자주해도 말을 안 듣는 주민은 여전히 그 버릇을 고치지 못해 지금도 이것저것 여러 가지 물건들을 싸잡아 섞어 남몰래 슬쩍슬쩍 내다 버리곤 합니다.

사람은 누구나 그런 잠재적 심보가 있어 저는 그것을 어느 정도는 이해할 수 있습니다. 그러나 매스컴을 들어서 알 듯 요즘 그런 얌체 같은 사람 때문에 비닐수거를 잘 하지 않는답니다. 무엇보다도 박스 속에나 비닐봉지 속과 가방 같은 것에 쇠붙이나 유리병같이 다루기 곤란한 물건들을 감추어 넣지 않았으면 좋겠습니다.

이런 물건들은 아무리 숨기고 몰래 버려도 우리는 단번에 압니다. 벌써 무게가 다릅니다. 또한 금이 가거나 깨지고 날카로운 돌출 면은 자칫 잘못 다루다가는 사람을 다치게도 할 수 있습니다. 깨진 유리는 흉기가 되는 것입니다.

그래서 우리 미화원들은 항상 손을 보호하기 위해 두터운 코팅장갑을 착용하고 작업을 하지만 100퍼센트 완전하다고 장담 할 수 없기 때문에 이따금 재활용장안에서 다치는 사고가 발생하기도 합니다. 저도 작년 겨울 주민이 내다버린 큰 봉지를 쏟아서 분리하는 과정에 유리가 깨지면서 파편이 튀어 콧잔등을 다치는 사고가 있었습니다.

통증에 눈물이 핑 돌고 붉은 피가 흘러내려 긴급히 치료를 하고 반창고를 발랐지만 지금도 그 자리가 흔적으로 남아 그때 그 기억을 떠올리곤 합니다. 유리와 캔만큼은 엄격하고 철저하게 반드시 따로따로 분리 구분해서 반드시 제 그릇에 담아 두었으면 좋겠습니다.

특별히 유리제품은 재활용이 가능한 일반 술병 같은 제품과 다시는 재활용에 불가능한 제품이 있습니다. 재활용이 불가능한 제품은 각종 유리와 병 사기그릇 컵 같은 것입니다.

 이런 제품들은 아무리 고급스럽고 좋아도 누가 가져가는 사람이 없습니다. 외식산업의 발달로 집에서 행사를 치르지 않기 때문에 그릇이 필요 없어 있는 것도 다 버리는 판입니다.

 어느 때는 그런 대소사(大小事)에 쓰려고 준비했던 것 같은데 지금은 무용지물이 되어 내다 버립니다. 그러면 우리는 버리기 아깝고 서운해도 할 수 없이 폐기처분하는 수밖에 없습니다. 업체가 수거해가는 것은 재활용 가치가 높은 술병뿐입니다.

 술병은 전에도 줄곧 수거를 해갔지만 지금은 국가에서 회수율을 높이고 재활용을 권장하기 위해 병당 100원씩 반환해 주기로 했습니다. 그러자 확실한 금액이 정해지고 돈이 된다니까 평소에는 별 관심도 없는 사람들까지 어느새 그걸 훔쳐가는 도둑도 생겨났습니다. 수거업체가 비상이 걸린 겁니다.

 원청업체에서 그것 몇 푼 벌겠다고 낮은 값에 낙찰 받아 차량에 사람까지 동원해 그걸 수거해 오는데 요즈음 진짜 돈이 될 만한 빈 술병은 거의 다 도난당하고 쓸데없는 잡병들만 가져오니 속이 상하는 겁니다. 일일이 수작업으로 잡병들을 골라내다 보니 인건비에 업체는 수지 타산이 맞지 않는다는 겁니다.

 '재주는 곰이 부리고 돈은 엉뚱한 놈이 번다.'고 죽어라고 욕만 봤지 실소득이 없는 겁니다. 여기서 양주병은 거의 폐기물입니다. 저는 여기에 착안해 양주병을 모으기 시작했습니다. 양주병은 멋있습니다.

 술보다는 빈병에 더 가치가 있습니다. 새긴 모양이나 색깔, 디자인이 다 달라 여성의 마음을 유혹하는 멋진 화장품 병과 같은 매혹적인 효과가 있습니다. 인테리어 장식을 해도 조금도 손색이 없습니다.

얼마나 환상저인지 처음에는 술도 먹지 않는 교인이 생뚱맞게 무슨 술병 수집이냐고 극구 반대하던 부인도 여기에 합세하여 합동 작전을 벌이고 있습니다. 제 근무처에 없을 때는 다른 아파트까지 쳐 들어가 한 두 번씩 가져오기도 합니다. 벌써 2년여 만에 약 150개 정도 수집했습니다. 5단짜리 책장 3개에 두 개씩 두 줄 한 칸에 10개씩, 한 벽면을 가득 채워 다이아몬드처럼 불빛에 반짝일 때는 눈길을 뗄 수가 없습니다.

작은 생각, 조그만 아이디어가 버려지는 제품 속에서 아주 아름답게 장식용으로 재탄생 하는 것을 볼 때마다 제가 청소하면서 얻은 유일한 소장품이라는 생각이 듭니다. 수많은 유리컵과 접시며 사발과 대접, 버리지 말고 집안 장식용으로 탈바꿈하면 재활용장 쓰레기양도 줄어들고 보기도 좋을 텐데 아직은 너무 미흡해 오늘도 우리 아파트에 청소를 담당하는 미화원들은 이런 물건들을 골라내느라 죽을 맛입니다.

21. 양심불량

　남자와 여자는 다른 면이 많이 있나 봅니다. 남자들의 성격은 거친 반면 여자들의 성격은 남자에 비해 훨씬 더 부드럽고 섬세한 편입니다. 이런 차이 때문에 어떤 직장에서든지 직장 내 청소는 여자들의 몫이라 주로 여자들을 고용해 쓰는 편이 많이 있습니다.
　우리 회사도 청소부가 모두 여섯 명이나 있지만 그 중 유일하게 저 혼자만이 남자라서 외곽 청소를 담당할 뿐 그 외 다섯 명의 여자 분들은 모두가 아파트 내 청소를 담당하고 있습니다. 주로 아파트 현관문과 복도, 계단을 오르내리는 층계지만 절대 얕볼 일은 아닙니다.
　한 사람이 두 개 동씩 맡아 일을 하고 있지만 양옆으로 나 있는 출입문 두 개와 24~5층 높이의 계단을 연일 오르내리며 매일같이 쓸고 닦고 떨어진 흙먼지와 담배꽁초, 쓰레기, 이불 털은 미세먼지, 툭 터진 음식 쓰레기에서 흘러나온 냄새와 얼룩진 흔적을 치운다는 것은 보통 힘들고 어려운 일이 아닙니다.
　겨울은 울안이라 춥기는 덜해도 밟아 들이는 눈자위는 치워도 치워도 끝이 없습니다. 여름엔 찜통더위에 환기도 안 돼 땀은 비 오듯 옷이 흠뻑 젖기가 일수입니다. 이따금 복도 침침한 구석에는 개똥도 있고 어느 땐 주체인지 급체인지 급하면 사람이 토해 놓기도 합니다.
　정말 비위가 약한 사람은 자신도 토할 것 같지만 어쩔 수 없이 참아가면서 치워야만 합니다. 이런 일이 반복될 때마다 우리 미화원들은 무척 힘들어 합니다.

참다 참다 견디기 힘들어 허리 한번 펴보려 주저앉고 싶어도 계단에 입주민이 왕래하고 있고 감시 카메라는 독사처럼 우리를 노려보고 있습니다. 우린 점심이나 되어야 쉴 수 있습니다.

그런 와중에도 이 핑계 저 핑계 교묘한 방법으로 꾀를 부려가며 쉬는 사람이 딱 한사람 있습니다. 그분은 보기와는 영 딴판입니다.

얼굴은 그럴 듯하게 귀엽게 생겼습니다. 지적 능력도 있어 보입니다만 하는 짓은 얼마나 얄밉게 하는지 우리 미화원 식구들을 모르는 사람이 없습니다. 그분은 아침 8시 30분 오전 일과가 시작되면 굳이 물먹으러 나갑니다.

2~3분이면 금방 닿을 수 있는 사무실 정수기를 놔두고서 굳이 걸어서 10분 거리 후문 경비실까지 목을 축이러 가는 겁니다. 돌아와서 조금 일을 하는가보다 보면 벌써 갑갑증이 나는지 목을 축이러 가는 겁니다.

돌아와서 조금 일을 하는가보다 보면 벌써 갑갑증이 나는지 또 구역 앞에 설치된 쓰레기 분리수거장에 나와 있다 들어가고 또 조금 일하는 척 하다가는 금방 싫증이 나는지 화장실을 다녀오고는 점심시간 때는 미리부터 걸레 빠는 우물에 와서 앉았다가는 우리가 가면 혼자서만 고생한 척 자기 어깨를 두드리며 힘들어 죽겠다고 합니다. 할 수 있는 한 죽는 시늉을 다하는 겁니다.

그게 다 허위요, 거짓말이라고 볼 수밖에 없는 것은 청소는 엉망인 것입니다. 그것은 누가 현장을 가보지 않아도 주민이 민원을 넣기 때문에 아는 것입니다. 그분은 하는 짓이 다 그렇습니다. 불만 불평도 많은 분입니다. 똑같은 일을 똑같이 지시를 내리는데도 돌아서면 저년 나쁜 년, 죽일 년, 미화반장 욕을 그렇게 잘 하는 분입니다.

저는 처음 그 분이 저를 붙들고 반장을 흉 볼 때 저는 그게 사실 인 줄 알았습니다. 지나고 보니 그분의 못됐다는 것을 알고부터는 거리를 두게 되었습니다. 점심시간 각자 싸온 반찬이지만 함께 먹는 음식 조심스럽겠지만 그 분은 무조건 맛있어 보이는 음식만 있으면 체면 불구하고 우선 자기 앞에 당겨놓고 게걸스럽게 먹는 사람입니다.

약기가 쥐새끼 같이 약아 내치려 해도 함께한다는 동료의식 때문에 반장은 온갖 비난과 수모를 당하면서도 그 분을 끌어 안아왔습니다. 그런데 이번에는 건강을 이유로 하루 빠져 이틀 빠져…. 그분이 결근하는 바람에 자기 업무도 바쁜 사람들이 그 분의 배정 몫까지 청소를 해주었는데 며칠이 지나서야 그만둔다고 전화를 걸어왔습니다.

회사는 더 이상 지체 할 수가 없어 즉시 구인광고를 냈는데 며칠이 지나서 다시 출근할 테니 자기 구역 좀 봐달라고 했습니다. 참 비위짱 한 번 좋은 사람입니다. 하지만 참는 것도 한계가 있는 법입니다. 이 소식을 들은 반장이 발끈했습니다. 지금까지도 며칠을 그냥 봐주었는데 사표를 낸 사람이 앞으로 일주일을 더 있다 다시 온다고….

반장은 노발대발 저를 불러 함께 소장님을 뵈러 사무실에 가서 그분의 행적에 대해 낱낱이 밝히고 소장님 앞으로 우리가 그런 입장이라면 그때도 소장님 우리를 봐 줄 수 있습니까? 저 분은 진작 쳐 냈어야 하는 사람입니다. 그러자 소장님은 그제야 이런 사실을 처음 알게 되었다는 듯이 그분을 해고했습니다.

그분은 얼굴이 두꺼운 사람입니다. 상하 구별이 확실하고 엄격한 직장에서도 저렇게 하는 사람이 과연 자기 집에서는 어떻게 할까 갑자기 그의 남편이 생각났습니다. 자기말로 수틀리면 욕도 하고 산다더니 남편을 끼고 흔들지는 안을는지….

 깔끔하여야 할 여자가 수저만 놓으면 양치질도 안하고 퍼질러 자고 걸핏하면 자기보다 훨씬 손위인 나에게도 이 새끼 소리를 서슴없이 내뱉는 사람, 퇴근 길 운전할 사람이 안 되는 걸 알면서도 술도 마시고 아침저녁 한 시간씩 걷는다는 사람이 단련이 되었을 텐데…. 가끔 차를 놓고 올 때면 먼 길도 아닌데 아저씨 차 좀 태워다 달라고, 무슨 염치로 사는지….

 그가 나가자 다들 앓던 이가 빠진 것처럼 시원해 했습니다. 아, 이번에는 전례 없이 그분 귀가 가려웠을 것입니다. 다들 체로 치고 키로 까불렀으니까요. 그분은 푼수였다면 이해하지만 새 단장이 되어야 할 사람임은 확실합니다.

22. 내 인생 최고의 날

　일천만 이상의 기독교인들의 필독서 성경은 전체가 66권으로 되어있습니다. 그중 구약성서에 나오는 사무엘서 상하 두편 중 하나인 하편 6장에 보면 인물 중 절대 빼놓을 수 없는 지혜의 왕 솔로몬의 아들 다윗왕이 등장합니다.

　그는 들판에 나가 양을 치는 목동에서 일약 이스라엘의 왕위를 계승한 두 번째 왕으로써 이스라엘 민족들과 함께 하나님을 섬기는 사람입니다. 그분들은 곧 하나님의 신이 법이요, 국가와 민족의 생(生)과 사(死)를 가늠하는 국새(國璽)와 같은 것입니다. 그러므로 하나님의 신이 임재 하는 이 궤, 상자는 절대적 가치와 존엄이 상존해 있는 곳이므로 아무렇게나 아무데나 보관 할 수 없고 또한 아무렇게나 함부로 다룰 수가 없는 목숨과도 같은 것입니다.

　이렇게 소중한 하나님의 궤가 운반도중 잘못되어 오벧에돔이라는 개인집에 잠시 머물게 되었습니다. 그 집은 별것 아닌 평민의 집이었지만 하나님의 궤가 유하는 동안 큰 복을 받게 되었습니다. 그 소식을 들은 다윗왕은 어떻게 해서라도 서둘러 하루빨리 하나님의 궤를 자기성인 다윗 성으로 모셔다 섬기고 싶었습니다. 그런 내용이 기록된 것이 이 사무엘서 하 6장의 기록입니다.

　그날이 오늘로 정해졌지만 다윗왕은 그전에 많은 두려움을 갖고 있었습니다. 사람의 생각과 하나님의 생각은 달라서 혹시나 하나님의 궤를 잘못하다 훼손하지나 않을까 싶어 걱정이었습니다. 전에도 한번 하나님의 궤를 운반하던 도중 수레가 튀는 바람에 하나님의 궤를 붙잡았던 사람들이 그로 말미암아 죽는 것을 보았기 때문에 하나님의 궤를 옮기는 일에 있어 매우 신중했던 것입니다.

그래서 짐꾼들이 한발 두발 조심조심 하나님의 궤를 매고 여섯 걸음을 떼었을 때 드디어 긴장이 풀리고 좋아서 다윗의 아내 미갈이 보고 말한 것처럼 다윗왕은 왕의 드높은 신분임에도 마치 술 취하고 방탕한 사람처럼 염치 체면 불구하고 자기 몸을 드러내고 심복들과 계집종들 앞에서 춤을 추었다고 했습니다. 저는 이것을 보다가 나도 한때 기뻐 흥분을 감추지 못해 펄쩍 뛰었던 때를 기억해 사람이 좋으면 그럴 수 있다고 생각했습니다.

저는 틈틈이 글을 쓰는 사람입니다. 전문가가 아니고 취미삼아 수필을 써오고 있습니다. 금년 초에는 그동안 모 주간지에 실렸던 저의 글들을 모아 책으로 엮어 내기도 했습니다. 처음 출판이라 이름 없는 사람이 얼마나 팔릴까 싶어 정가 12000짜리 300권을 출간하여 지인들에게 돌리고 아직도 집에 다소 남아 있습니다.

어떤 일간지에 잠깐 소개된 적은 있지만 잘 알려지지 않아 알아주는 사람은 별로 없었습니다. 그저 손에 꼽을 정도로 몇 분께서 책값이라고 2만원도 주시고 5만원도 주시고 전화로 인사를 받았을 정도입니다. 그런데 내 직장 내 일터에서 청소를 하다가 어느 한 날 전혀 모르는 분한테 인사를 받고서는 얼마나 떨 듯이 기뻤는지, 이 다윗왕의 그때 그 기분을 이해할 것 같아 글을 쓰기로 작정한 것입니다.

저는 아파트 미화원입니다. 그날도 역시나 같은 일을 해야 해서 리어카에다 청소도구를 싣고 주차장 청소 일을 하는 중이었습니다. 오전 9시경 아침 출근을 하는 시간이라 차들이 연신 줄지어 나가는데 한 차주가 운전을 하며 제 가까이 다가오더니만 운전석 유리창을 내리면서 안녕하세요? 하고 인사를 건네는 것이었습니다.

이 세계가 그렇듯 그렇게 대접받는 직업이 아니라서 주민 누구나가 본척만척 했습니다. 또한 이 아파트엔 저에게 인사를 건넬만한 사람도 없습니다. 분명 절 보고하는 인사였습니다. 저는 "아, 예. 예." 하고 우선 대답을 해놓고 바라보고 있었습니다.

처음 보는 분 이었습니다. 그러더니 잠시 차를 멈추고 이번에는 저 뜨락에 이발사라고 저를 가리켜 말씀하셨습니다. 저는 당황해 하면서 되물었습니다.

"아니 저를 어떻게?"

"아, 제가 어느 날 아는 집에 갔다가 선생님 수필집을 봐서 압니다."

저는 몰랐습니다. 일을 멈추는 순간 심장도 멎는 줄 알았습니다. 그 뒤 그분은 뒤따라 출근하는 차들이 빵빵빵 경적을 울리며 어서 가라고 재촉하는 바람에 더 이상 말을 이어가지 못하고 그냥 가버렸지만 저의 기분은 그 뒤로도 한참을 들떠 있었습니다.

뜻하지 않은 횡재를 만난 듯 누가 알면 어떡하나 몰래 감추고 싶은 소녀의 여리한 사랑처럼 가슴은 쿵쾅쿵쾅 정말 세상에 이런 일이 생길 줄이야…. 저는 순간 갑자기 오랜만에 스타덤에 오른 유명연예인이 된 기분을 주체할 수가 없어 바닥을 쓸던 빗자루를 들고 하늘을 향해 번쩍 쳐들었습니다. 아마도 제 인생 고비 고비마다 크고 작은 기쁨도 많았지만 한 푼 없던 놈이 돈을 모아 빌딩을 지을 때가 제일 좋았었습니다.

　3층 내 집에서 병목현상을 일으키는 우리 집 앞 오거리는 최고의 요지로써 그들을 내려다보는 우월감은 어디가 비교할 수 없었지만 이번과는 사정이 달랐습니다. 돈보다는 명예! 노력한다고 되는 일이 아니기 때문입니다. 저는 아마 평생가도 이일을 못 잊을 것 같습니다.

23. 연말 자정

　우리는 매년 그해 마지막 12월 31일 밤 자정이 가까워지면 새해에 거는 기대가 큽니다.
　제발 하는 일이 잘 됐으면 합니다. 서로가 나누는 인사도 그에 준하여 거의가 다 비슷비슷 남다르지도 않습니다. 건강 하십시오. 새해에 복 많이 받으십시오. 그저 그렇게 몇 가지로 요약해 구분할 수 있습니다.
　그러나 매년 그해 마지막 달이 되면 바라는바 뜻대로 다 이루어지고 소회(素懷)를 밝히는 사람은 드뭅니다. 여러 가지 원인 중에 시간이 없었다는 사람이 적지 않습니다. 시간은 다 있습니다. 일 년 열두 달 삼백육십오 일은 누구에게나 주어져 있습니다. 뚝딱뚝딱 지금도 그 시간이 흘러가고 있습니다.
　이제 오늘밤 자정에 땡땡땡 벽에 걸린 괘종시계가 열두 번을 치고 나면 내년도가 다가옵니다. 새해가 되면 이제까지 그랬듯이 세월은 1년 12달 365일 9,760시간 525,600분이 흘러갈 것입니다. 숫자상으로 60초가 되어야 만이 1분이요 그 1분이 60번을 돌아야 한 시간이 됩니다. 그러니 일 년 365 열두 달은 숫자상으로 엄청난 시간이요 오랜 시간 기다려야만 일 년이 가서 다 보낼 수 있는 시간입니다. 그래서 여유를 갖고 시작하는지도 모릅니다.
　그러나 어느 날 문득 되돌아보면 어느새 세월은 저만큼 가 있습니다.

그때서야 우리는 서두르는 경향이 있습니다. 우린 세월의 속성부터 터득해야 합니다. 나훈아의 노래 〈고장 난 벽시계〉처럼 저 세월은 고장도 없습니다.

예전에 그랬듯이 어제이어 오늘도 또 내일도 더 느리지도 않고 더 빠르지도 않게 그 속도를 유지하며 그냥 속절없이 흘러갈 것입니다. 그게 유수(流水) 같은 세월에 본질이요 속성입니다.

세월을 아끼십시오. 성경은 '세월을 아끼라'고 말씀하셨습니다. 저는 금년 70입니다. 보내고 싶어 보낸 게 아닙니다. 계산이 빠른 사람들은 우리나이 백세를 기준으로 60세가 된 사람들은 앞으로도 40년은 더 살 수 있다고 여유를 부립니다.

그러나 어느새 60년이 쏜살같이 지나갔습니다. 나머지 40년도 눈 깜짝할 사이 지나게 되는 것을 알게 될 겁니다. 그래서 어떤 분은 인생을 가리켜 마치 달리는 자동차에 비유하기도 합니다. 자동차가 60km를 넘어 70km가 되면 그때부터는 탄력이 붙어 밟는 데로 나갑니다. 80km 도달하는 것은 시간문제입니다.

소설가 이외수씨는 아침에 일어나 차 한 잔 마신 것 같은데 벌써 하루 해가 지났다고 아쉬워했습니다. 다 공감이 가는 말 느끼지 못하는 사람 없을 겁니다. 우린 걸핏하면 남의 탓을 하는 잘못 된 경향이 있습니다. 절대로 세월을 탓하지 마십시오. 그는 무정합니다. 절대 누구 때문에 더디 가는 습성이 없습니다.

하루 한 시간만 더 살고 싶어 애원해도 들어주지 않는 아주 냉혹한 속성을 가지고 있습니다. 세월을 낭비하지 마십시오. 이제 그동안 2017년 정유년 한해도 저물었습니다. 무술년 새해에는 시간을 잘 활용하십시오. 이것이 세월이 우리에게 주는 교훈이요 메시지입니다.

- 2017에서 18년 1월 1일 0시

24. 청소원의 여름

추우나 더우나 일 년 365일을 하루같이 맨날 밖에서만 일을 하는 우리 같은 미화원들은 일 년 사계 절 중 어느 것 하나라도 특별히 마음에 드는 계절이 없습니다. 가을이나 겨울 봄 등 계절마다 다 애로사항이 있습니다.

사람들은 흔히들 말하기를 그래도 없는 사람들은 러닝셔츠 하나에 겉옷하나만 걸치면 그만이라 여름이 좋다고는 하지만 우리 미화원들이 겪는 속내를 들여다보면 여름처럼 지내기 힘든 계절도 없을 겁니다.

밖에서만 일을 하다 보니 뜨거운 태양에 노출된 피부는 어떤 인종인지 알아보지 못할 정도로 검게 타버리고 얼굴엔 임신중독에 걸린 임산부처럼 기미 주근깨 검버섯으로 엉망진창이 돼 버리고 맙니다. 얼마나 달라지는지 우리 아파트 경비실 한사람은 저를 베트콩이라고도 했습니다. 70대의 노신사가 젊은 사람들의 놀림감으로 전락한 겁니다. 100세가 다 되신 부모님도 걱정이 되는지 주일날 뵐 때마다

"여이 ~ 둘째야, 얼굴이 형편없이 되었다! 이제 네 나이도 70이다. 그 일 좀 그만하라"

이렇게 말씀 하십니다. 저희들 초여름에는 모자도 써봤습니다. 칠순 때 기념으로 베트남에 갔다가 우리나라 밀짚모자만한 그 나라 전통모자도 두 개나 사와서 써보았지만 우리에게는 어울리지 않았습니다. 시

골아낙들이 즐겨 쓰는 채양이 큰 모자도 생각해 보았지만 거추장스러워 쓸 수가 없었습니다.

가장 편하고 착용이 좋은 일반모자에 뒤 차양이 달린 모자가 딱이다 싶어 사서 쓰고 있지만 요즈음처럼 평균 36도에서 38도를 오르내리는 무더위에는 그것도 속수무책 제 기능을 못하여 이 지경이 된 겁니다.

그늘이라도 있으면 다소 도움이 되겠지만 아파트의 녹지공간도 주민의 쾌적한 환경을 위해서 조성된 것이라 한가롭게 그늘을 찾을 수는 없는 겁니다. 설령 잠시나마 쉬어보려 해도 주민의 눈치와 민원이 무서워 그러지도 못합니다. 무엇보다도 산적한 일정 때문에 휴식은 엄두도 못 냅니다.

처음 1동 재활용장 하나에서 일이 끝나면 곧바로 다음 2동 재활용장으로 이동을 해야 합니다. 그곳에서도 임무가 끝나면 또 다른 동. 재활용장으로 자리를 옮겨 일을 해야만 다음순서로 넘어갈 수 있습니다.

일은 일과가 끝나야 끝나기 때문에 해찰을 부리거나 농땡이를 칠래야 칠 수가 없습니다. 잠시라도 궁둥이를 땅에 붙이느니 차라리 어서 일을 끝내고 싶은 게 우리의 심정입니다. 너무 견디기 힘들어 그렇습니다.

여기 재활용장은 아파트처럼 철 구조물에 콘크리트로 지어진 게 아닙니다. 주민이 잠시 와서 쓰레기만 버리고 가는 곳이라 완벽하게 만들어지질 않한 겁니다. 현실적으로 비가림막만 하면 되기 때문에 창은 있어도 바람은 통하지 않습니다.

지붕은 슬래브가 아닌 플라스틱 강판에 색이 없이 빛이 그대로 투과되게 설계되어있어 아무 때고 해만 떴다하면 단번에 일분도 안 되어 금방 온도가 급상승하여 40도에 육박해 후끈후끈 달아오른답니다.

이런 조건에서 재활용장에 들어가 보통 한 3~40분씩 일을 하니 녹초가 안 될 수가 없습니다. 잠시라 해도 열사병에 지쳐 쓰러질 수밖에 없을 겁니다.

이런 일을 오전 내내 하다보면 온몸은 땀으로 범벅이가 됩니다. 흐르는 땀을 주체할 수가 없어 허리에 찬 수건으로 연신 문지르지만 몸 안에 흐르는 땀을 다 닦아낼 수는 없습니다. 그래서 우리는 집에서 출근할 때 아예 중간 중간 갈아입을 속옷을 서너 벌씩 가지고 옵니다. 오전과 오후에 갈아입고 또 퇴근 때 갈아입는 겁니다.

정말 2018년 올 여름 같은 해가 없는 것 같습니다 1천도가 넘는 주물공장에서 일을 하는 노동자처럼 땀을 비 오듯 흘리고 있습니다. 오늘은 얼마나 더할지 염소 뿔도 녹는다는 대서(大暑)입니다. 벌써 이러기를 20일째 계속하고 있습니다. 많이 지쳐있습니다. 그 때문에 요즈음 빨래를 자주하는 아내도 혹여 제가 불쾌지수 때문에 짜증이라도 내지 않을까 제 비위를 맞추느라 고생이 많습니다.

일단 퇴근해 들어가면 오늘도 힘들었지요? 어서 옷 벗고 씻으라고 하며 제 방 의류 함에서 팬티와 메리야스를 욕실 문 앞에다 갖다 놓았습니다. 지혜롭게 슬기로운 아내입니다. 자랑스럽기도 합니다.

어느 땐가 점심 휴식시간에 통화를 하게 됐는데 옆에 동료 미화원이 있는 줄도 모르고 평소처럼 내던진 장난기어린 말투에 이 친구는 자기와 비교되는지 형님은 늦게 만났어도 정말 좋은 분을 만나 아주 재미있게 사시는 것 같다며 부러워했습니다. 더위가 한방에 날아가는 기분 좋은 말입니다.

우리 미화반장도 어느 날 부인과 통화하는 소리를 듣고는 어쩜 그 나이에 이렇게 나긋나긋 상냥하냐며 자기 집과 대조된다고 했습니다. 샤워를 하고 잠시 숨을 돌렸다가 저녁식사를 하고나면 오늘도 더위와 싸워서 이긴 뿌듯함에 잘도 버텼구나 하는 생각이 듭니다.

25. 9단지 소장의 자질

　서울시는 우리나라 인구 밀도 중 가장 많은 지역입니다. 경제의 중심지로 부상하다 보니 서울로 서울로 모여들어 서울은 모여드는 인구를 다 수용하지 못해 아파트를 아무리 지어대도 그 수요를 따라잡지 못합니다. 아파트 값은 천정부지로 치솟아 아파트는 주거형태에서 지금은 투기의 대상으로 그 개념이 바뀌어 분양만 한다하면 수천에서 억 단위까지 웃돈이 붙는 곳이 서울입니다.
　투기와 과열이 지나쳐 업는 사람들은 상대적으로 박탈감을 느껴 정부가 아무리 좋은 부동산 대책을 내 놓아도 그때만 잠시 주춤할 뿐 시간이 지나면 또다시 아파트값은 고공행진을 계속해 갔습니다.
　별의 별 수단을 다 동원하고 단속을 강화해도 여전히 아파트 투기는 근절되지 않자 고심 끝에 참여 정부에서 수도권 과밀화와 집중화를 해결하기 위해 수도이전을 결심하고 우여 곡절 끝에 충남 연기군 일대를 중심으로 행정중심 복합도시 건설 청도 만들었습니다.
　공장 하나 없이 깨끗한 행정업무만 보는 타운이 들어서면서부터 유령도시가 될 거라는 우려와는 달리 세종시는 빠른 속도로 도시가 형성되어 세종시는 불과 몇 년 만에 30만도시를 넘어섰습니다. 지금도 계속해서 신규아파트가 들어서고 있지만 100퍼센트 분양이 완료되어 주변을 빨아들이고 있습니다. 따라서 이를 관리하는 업체도 수십 군데가 생졌지만 미화원을 구하는 일은 쉽지 않습니다.

한 아파트 단지당 적으면 5명, 많으면 20명 보통 10여명이 필요한데 젊은이는 없고 주로 노인층이라 이를 충당하기가 어려워 아파트 미화원은 이력서만 내면 그냥 통과되는 곳이기도 합니다.

3~4년 전만해도 미화원 봉급은 100만원 수준이었지만 인부를 구하지 못해 한 푼이라도 더 주어야 되기 때문에 지금은 160만원까지 임금이 올라 미화원들도 구인광고가 떴다하면 우선 근무조건부터 묻는 시대가 되었습니다.

임금과 대우에 있어서 까다롭거나 시원치 않으면 월급이 많아도 자리를 뜨게 되어 우리 미화원들은 이동이 심한 편입니다. 저도 여섯 번째로 직장을 옮겼습니다. 사람을 사람으로 보지 않고 청소를 하다 보니 인간자체를 쓰레기처럼 취급하는 사람이 있기 때문입니다.

그래도 이 바닥에서는 자주 일어나는 일이라 큰 이슈는 되지 않습니다.

제 몸 상하는 줄 모르고 돈만 쫓는 것도 어리석지만 더 나은 곳도 있는데 줄 곳 한곳에만 오래 머물러 잇는 것도 바보로 취급하기 때문에 눈치를 봐서 틀렸다 싶으면 떠나는 게 미화원이 공통된 견해입니다.

저는 첫 번째를 제외하고는 줄곧 반장도 봤습니다. 팀장으로 관리만 잘해 달라고 스카우트 제의가 들어오고 초청을 받았는데도 소장님 때문에 마음이 불편할까봐 거절한 사람입니다.

관리소에 소속된 사람들은 다 한 가족이라고 봅니다. 소장이라고 반장이라고 직급이 높다고 위세를 떨고 월권을 행사하는 건 근무환경을 저해하는 일이라 분열이 일어나가 십상입니다.

일전에도 바로 반장 때문에 사표를 쓰고 나왔지만 여기는 소장이 문제입니다. 전에 근무자들이 갑자기 그만둔 이유도 소장의 오만한 태도와 자질 때문이라고 했습니다.

언제나 경직된 얼굴에 화난 표정. 말은 아마도 대한민국 아파트 소장님들 중에 가장 뼈대 없이 할 겁니다. 사람 다루는 일도 그렇게 서투를 수가 없습니다. 듣기로는 전직 조폐 공사 출신이요, 나이는 70인데 그동안 어떻게 살았는지 들은풍월은 다 어디다 팔아먹었는지 궁금할 정도였습니다. 기본도 모르고 상식도 없는지 아파트가 직영에서 용역 업체로 관리주체가 바뀌면서 용역업체로부터 발령받아 부임한지 두 달이라 했습니다.

미화원들이 동반사표를 내고 저희들이 들어온 지 보름째 처음으로 자리인데 안전교육이 실시되는데 소장은 인사도 없었습니다. 거만합니다.

교육도 회사에서 내려 보는 공문을 읽는 수준인데 근무하다말고 헐레벌떡 급히 달려온 직원한테 2분정도 늦었다고 20데시벨이 부족한 사람은 나가라고 했습니다.

교육이 끝났어도 '이상입니다'라는 선언도 없이 그냥 슬그머니 나가버리고 우리의 의견은 조금도 묻지도 않았습니다. 그중 경비 한사람은 술 먹고 아파트 계단에서 누어자다 얼어 죽는 사람 있다는 소장님 말씀에 겨울 순찰인줄 알고 5월 달일지를 안 썼다가 변명하는 바람에

"그럼 지금 내가 또라이입니까?" 하는 소장입니다.

경비는 그냥 '잘못 알아들었군요.' 하면 얼마나 미안할까 또라이라는 말이 말문이 막혀 얼굴이 빨개지기도 했습니다.

얼마나 말을 기분 나쁘게 하는지 물청소 기계가 없는 아파트는 일 년에 너댓차례 전 직원을 다 동원해 대청소를 실시하면 직원들 수고한다고 음료수를 제공하고 회식도 시켜 준다는데 일전에 이런 일이 있어 과장님이 소장님께 그런 말씀을 드렸더니 소장님은 내가 안 먹는데 내가 그런 것을 사주느냐고 면박을 주었다 했습니다. 얼마나 기가 막히면 한 가족처럼 사이좋게 지내던 미화반장이 음료수를 대신 사주고는 집단으로 사표를 내고 그만 두었는지 제가 겪어보니 그럴 듯 이해가 갔습니다.

현재 남아있는 직원들 말을 빌리자면 소장은 소장의 입으로 직원들 앞에서 월급 많이 받는 사람이 최고라고 했다 합니다. 미화원마다 분배 받는 자기 몫이 있는데 주민한테만 잘 보이기 위해 주민 자체 기금을 마련하기 위해 일부 부녀회에서 운영하는 카페도 청소를 시키고 휘트니스 센터가 엄연히 관리자가 있는데도 전례를 뒤집고 그런 곳까지 청소를 하라고 요구하니 미화원들은 과중함 업무에 더 이상 버티지 못하고 나갈 결심을 한 것 같습니다.

기본과 상식이 결여된 사람 주민은 알 턱이 없습니다. 며칠 전에도 관리직원이 나갔다는데 엊그제는 우리 미화원 한사람도 제가 좋아 따라왔다가 이 소장님을 보고 크게 실망하고 3일 만에 나갔습니다.

5월 5일 어린이날 입하가 지나고 열흘째 무더위에 솔솔솔 적기에 내리는 여름비는 잡초가 자라기에는 최고의 환경입니다. 하루가 다르게 무성하게 자라나 제가 사는 3단지는 삼일 전부터 예초기를 돌리는데 소장은 낫으로 깎아서도 안 되고 일일이 손으로 하나하나 뽑으랍니다. 이게 계급사회의 체계지만 세종시는 녹지공간이 40프로로 워낙 넓어 그러기는 무리인데 그래도 소장님인데 소장님 지시사항을 거역할 수도 없고 직원들은 고민 중입니다.
  소장님은 나갈 것 같지도 않습니다. 답답한 사람이 우물을 파야 된다면 우리가 물러나야 하는데 용역업체는 어떤 기준으로 그런 분을 들어 썼는지 지도자로서 자질이 의심스럽습니다.

26. 임신과 출산

처음으로 남자를 알게 된 여자에게 갑자기 변화가 생겼다면 혹시 하는 마음에 가슴이 뛰고 안절부절 못할 겁니다. 이런 때는 다른 방법 없습니다. 지체 없이 얼른 약국으로 달려가 임신 테스트기를 하나 구입하여 소변을 받아 체크해 보면 가부간(可否間) 임신여부를 금방 알 수 있습니다. 그래도 미심쩍고 보다 확실하게 알려면 재빨리 병원을 찾아가 정확한 의사의 진단을 받아 보는 것이 옳을 겁니다.

그때 의사로부터 '축하드립니다.' 라고 하면 이는 틀림없는 임신이므로 조금도 고민할 필요가 없는 겁니다. 그리고는 의사의 지시에 따라 보름에 한번 아니면 한 달에 한번 정기적인 검사를 통해 산모가 이상은 없는지 건강유무를 살펴 몸 관리만 잘하면 건강한 아이를 낳을 수 있다고 봅니다.

하지만 그 과정이 순탄치만은 않습니다. 유독 입덧이 심한 사람이 있습니다. 그는 얼마나 속이 거북하고 메스꺼우면 한국의 대표적인 음식, 김치가 없으면 밥을 먹은 것 같지 않다더니만 김치 냄새만 맡아도 헛구역질에 식음을 전폐, 얼굴이 반쪽이 될 때도 있습니다.

얼굴에는 기미까지 끼고 엄청난 변화에 후유증까지 두고두고 가족을 괴롭게 할 때도 있습니다. 그런데도 어떤 미련 곰탱이 같은 여자는 음식을 잘못 먹어 체한 줄 알고 내과를 찾았다가 임신 같다는 말에 황

급히 자리를 옮겨 산부인과로 이동하는 사람도 있습니다. 엄연히 신랑 있는 아내가 아기를 갖는 것은 당연한 이치입니다. 그 집안에 경사요, 행운입니다.

요즈음 노인 인구는 늘고 출산율은 해마다 줄어든다고 합니다. 적어도 한해 신생아가 6~70만은 태어나야 하는데 부족하다고 합니다.

고심 끝에 국가가 출산을 장려하기 위해 기금을 마련하여 출산 장려금을 지급하고 자녀 양육비까지 지원하게 되었습니다. 그런 혜택이 주어지는 데도 여전히 결혼을 망설이거나 결혼식을 올려도 아기는 하나만 낳으려고 합니다.

우리 부인은 셋을 낳았습니다. 요즈음 같으면 아기 가진 며느리 상전 대하듯 하지만 우리 때 저희는 부모님의 도움 없이 장사하느라 출산 3일 전까지 일을 했습니다. 그래도 별 탈 없이 셋 다 순산했습니다. 그런데 엄마와는 달리 딸은 그런 고생을 한 것도 아닌데 결혼 1년이 넘도록 아무 소식이 없었습니다. 이상하다 싶어 딸, 사위 둘 다 조사해 봤지만, 전혀 이상이 없다는 데도 아기가 없어 쩔쩔매게 했습니다.

나중에는 시험관 아기도 시도해 봤지만 소용없었습니다. 같은 몸이라도 몸이 차가운 사람은 아기가 잘 들어서지 않는다는 겁니다. 그래서 저와 함께 이 병원, 저 병원을 찾아 서울을 한 달 반씩이나 다니며 침도 맞았습니다.

얼마나 노력했던지 결국 그 다다음해 꿈에도 그리던 애기를 가졌답니다. 임신과 출산, 그건 아무래도 신의 축복이 있어야 되는 것 같습니다.

화살이 전통에 가득한 자는 복이 있도다…. 갑자기 성경 말씀이 생각

납니다. 세종시는 그런 도시입니다. 전국 최고로 젊은 도시답게 출산율 1위입니다. 어떤 거리 어떤 아파트를 다녀와도 배가 남산만한 색시를 볼 수 있습니다.

  올해는 채 40만이 안 되는 아기가 태어났다고 여성가족부는 고민하고 있습니다. 젊은 인구는 줄어들고 나이 많은 노인층은 갈수록 늘고 있습니다. 제 나이 70, 중늙은이가 젊은 청년 못지않게 아파트에서 청소 일을 하니 말입니다. 때로 이따금 자식이 속 썩힐 때도 있지만 실은 자식 때문에 산다는 걸 알았으면 합니다. 자식 그것은 부모의 책임입니다.

27. 가면 속 여인

한 달 전 일입니다. 제가 일하는 새 입주 아파트에서 아파트 내 청소 구역을 담당하는 여성 미화원을 모집한다는 소리를 듣고서 여기에 지원한 여성 미화원분들이 왔습니다. 그 분들은 제가 여기 오기 전 몸담고 일하던 곳에 한 남자의 아내가 근무하는 곳으로 그분들을 통해 이런 사실을 알고서 지원한 사람들입니다.

그들은 면접 후 바로 채용되어 현장에 투입되었습니다. 전에 있었던 아파트에서는 서로 의견이 맞지 않아 자주 부딪치고 다투고 짜증에 스트레스가 쌓여 이런 기회에 자리를 옮기고 싶어 동반 사표를 내고 온 것 같습니다. 와서 보니 이분들은 전전에 제가 근무했던 바로 옆 단지 아파트에서 일을 하던 분들이었습니다.

그 아파트는 제가 있었던 아파트와 같은 건설사가 지은 같은 임대아파트로 관리 주체 또한 같은 회사라는 점에서 서로는 그렇게 멀게 느껴지지 않았습니다. 그런 이유로 해서 우리는 서로 간에 내왕이 없었는데도 오래 전부터 알고 지낸 사이처럼 서먹서먹하지 않고 금방 친숙해질 수가 있었습니다.

단 하루 만에 쉽게 말을 트고 농담까지 주고받으며 격이 없이 지낼 수 있었던 것은 지금 저와 함께 일하고 있는 아무개라는 미화원도 전에 그들과 함께 그 아파트에서 일을 했던 적이 있었기 때문에 거리감은 없었던 것 같습니다. 그 중에 한분의 말을 빌리자면 그 아파트 내의 한 여자는 얼마나 억세고 드센지 건드리는 사람이 없었다고 합니다.

얼마나 막 돼먹었는지 청소를 하면서도 뭇 남성을 대상으로 몸을 파는 매춘행위를 한다는 겁니다. 그것도 창피하고 부끄러워 숨기는 것이 아니라 자기가 자기 입으로 버젓이 드러 내놓고 말을 한다는 겁니다. 이런 사람과 상대해서 이길 여자는 없는 겁니다.

그분들의 말을 들다보니 이상하게도 그와 흡사 닮은 한 여자가 생각났습니다. 그는 제가 있던 아파트에서 저와 함께 일했던 사람입니다.

어쩌면 하는 일 하는 짓 성(姓)까지도 똑같을까 궁금해 알아봤더니 놀랍게도 그들은 같은 한 어머니 뱃속에서 태어난 자매들이었습니다. 그중 언니든지 동생이든지 단 한 사람이라도 성한 사람이 있으면 이 지경은 안됐을지도 모르는데 세 여형제 모두가 똑같이 겁도 없이 그 짓을 해 남자들의 등을 처먹고 산다는 정말 대단한 사람들입니다.

저와 같이 일했던 사람은 이제 갓 50대 중반의 미혼여성입니다. 보기에는 우리와 전혀 다를 바 없는 평범한 여인네라 할 수 있습니다만 전에 서울에서 술집을 경영한 탓인지 남정네 다루는 솜씨가 여간이 아니요, 보통 사람들은 추측하기도 힘들 정도로 상상 밖이었습니다. 이를테면 완전 그 방면에는 베테랑 선수라고 평가할 수 있습니다.

얼마나 대단하고 노련한지 나이도 연령 별로 40대에서 70대까지 골고루 포진해있습니다. 한 두 사람을 상대하는 것도 아니요, 네댓쯤 되는 것 같습니다.

잘못하면 헷갈리고 착오가 생길까봐 머리까지 굴려가며 이 여인은 상대 남자들이 눈치를 채지 못하게 서로 날짜가 겹치지 않도록 매주 한 사람씩 바꾸어 가며 교제를 하곤 한답니다. 철저하게 따돌리고 관계를 갖기 때문에 정작 주인공들은 모르고 이 가냘픈 여자와 놀았다는 재미로 눈이 머는 겁니다.

　침대에서 몸살을 앓는 소리도 거짓이요, 사랑한다는 말도 속임수지만 돈을 타내기 위해 잠시 죽어주는 여자에 정신 나간 사내들은 혼이 빠져 그게 다 진짜 신음 소리인 줄 알고 착각하는 겁니다. 따지자면 별 수 없이 직업여성한테 5만원만 주면 장가 한 번 갈 수 있는 것을 사랑에 속아 작게는 30만원에서 많게는 300만원까지 돈을 들여 놓은 겁니다.

　그중에는 자식이 둘이나 있고 자영업을 하는 사업가도 있습니다. 이 여인은 이런 교묘한 방법을 이용하여 청소하고 받는 월급 120만원 가지고 집세 내고 살기도 빠듯할 텐데 서울에서 여기 내려와 몇 년 만에 지금까지 몇 남자에게 얼마나 돈을 뜯어냈는지 얼마 전 임대 아파트를 청소하고 새 아파트를 한 채 구입해 이사해 갔답니다.

　청소는 여벌이요 위장입니다. 하지만 자매들은 그런 내막을 알면서도 자신도 그렇게 살기 때문에 나무라지 못하고 모른 척 묵인하고 덮어두는 것 같습니다.

　듣기로는 그의 어머니도 별로 깨끗하지 못했다고 하는 소리를 들어보면 그 어미에 그 딸이라는 말이 맞나 봅니다. 그녀에게 남자는 노리개감입니다.

　요즈음 세간에 붉어진 '미 투(Me too) 운동'은 그에게 웃음거리일지도 모릅니다. 그 여자는 그런 남자들 때문에 덕을 보고 사는 겁니다. 저는 그 말을 듣고 볼 때 속으로 다행이다 싶어 신에게 감사했습니다.

　아파트 단지 내에서 동료로서 만났으니 망정이지 만약에 모르고 밖에서 그 여자를 우연히 알게 되었다면 나라고 별 수 있었을까. 나도 남자라 꼼짝없이 걸려들고 무사하지 못했을 거라 봅니다. 부인과 자녀 앞에는 정말 부끄러운 일일 겁니다. 무엇보다도 제가 심히 걱정스럽게 우려하는 것은 그런 말을 들으면서도 은근히 그런 것을 동경하는 사람도 있다는 것입니다.

얼마 후 여자 동료 한 사람도 노래방 경력이 13년이라더니 얼마 안 가서 한 70대 놈팡이를 만나 70만원 상당의 고가 원피스를 선물 받았다고 들었습니다. 이젠 그것이 끝이요, 더 이상 전염되지 않았으면 합니다. 또한, 사람도 자기 관리를 깨끗이 잘했으면 어떨까 싶습니다.

- 2019.3.2.

28. 이직의 원인

아파트 단지 내를 청소하는 미화원들의 봉급은 얼마 되지 않습니다. 정부에 의해 최저 임금이 확정, 발표되면서 조금 달라졌지만 크게 오르지는 못했습니다. 여전히 일은 고되고 봉급은 적습니다.

들어왔다 나가고 또 들어오고 왔다갔다 이직 율이 많은 까닭은 낮은 월급에 정규직이 아닌 임시고용에 있다고 봅니다. 일용직 근로자처럼 일만 잘하면 되니까 면접 또한 형식이라, 우린 나가도 그만 들어와도 그만 관심의 대상이 될 수 없는 것도 원인 중 하나일겁니다. 그렇다 보니 대기업처럼 학벌이나 지위, 명예, 경력 같은 건 묻지도 않습니다.

일의 성격상 우리 미화원들은 잘난 사람보다는 좀 모자라고 부족해도 고분고분 일만 잘하면 그만인 겁니다. 훌륭한 사람들은 청소부와 같은 밑바닥 일을 할 것 같지 않기 때문에 가급적이면 채용을 회피하고 잘 써주질 않는 겁니다. 이쪽 세계는 노동과 같기 때문에 그런 기준을 두는 것 같습니다. 보잘 것 없는 저 같은 사람을 우선하는 것입니다.

저는 평범한 사람입니다. 뛰어난 구석이 전혀 없습니다. 단지 어떡하다 영업상 필요에 의해 법인 회사에서 주최하는 플로리스트 자격시험에 합격하여 현재 화훼 장식사 자격증을 취득한 것이 전부입니다.

제게는 자동차 운전면허증 말고는 유일한 자랑거리이지만 이 세계는 그것도 허울뿐이요 실상은 아무 쓸모가 없다는 겁니다. 경험자들의 말대로 저는 미화원 이력서에 그마저도 빼버리고 단순 초등학교 졸업 청소 경력만 기재했습니다.

꼭 기록하고 싶은 것은 일을 시켜만 주신다면 그저 열심히 최선을 다하겠다는 겁니다. 그렇게 돼서 저는 모처럼 아파트 미화원이 되어 일할 수 있었습니다.

약 600세대 아파트에 재활용 분리 처리장과 음식물 분리배출이 일곱 군데…. 여기에 전 주민이 사용하는 넓고 넓은 지하 주차장 줍고 쓸고 닦고…. 업무량이 아주 많았습니다. 거기에 포함하여 드넓게 조성된 녹지 공간, 누구나 한 달간만 일해 보면 녹초가 될 겁니다.

얼마나 일이 많고 힘들면 제가 들어가 보니 입주 5개월 만에 벌써 네 사람이나 바뀌었다고 했습니다. 그런 견디기 힘든 구석에 날렵하고 의욕 넘치는 제가 지원했으니 회사에서는 마다 할 수가 없었을 겁니다. 그런 열악한 환경에서 일 년 넘게 일을 했으니 대단한 겁니다. 즉, 두 사람 몫을 혼자 한 겁니다.

어떻게 보면 회사는 횡재를 한 겁니다. 그러나 아무리 저 때문에 사람 구하는 광고비가 절약되고 청소용품을 아끼고 덕을 봤더라도 인건비를 뜯어 먹고사는 용역 업체는 더 못 줄여 한이지 그렇다고 스스로 봉급을 올려주지는 않습니다.

이 아파트 주변 다른 아파트들은 어떻게 운영되고 있는지 손금 보듯 하면서도 들어주지 않아 결국 새로운 일자리를 물색했는데 때마침 공교롭게도 들어오는 사람마다 다투고 내보내는 말썽 많은 여자가 이제는 저에게까지 시비를 걸어 어쩔 수 없이 그걸 핑계로 그만 1년 넘게 몸담았던 그곳을 떠나고 말았습니다.

사표를 던졌을 때야 회사는 실감하는지 그때서야 어떻게 잡아 두려고 여러 가지 조건을 제시했지만 미봉책이요 당장 해결되는 문제도 아니고 앞으로의 계획이 어떻게 바뀔지 몰라 결국 발길을 돌렸습니다. 새로운 아파트는 이곳보다 30만원을 더 주면서 저를 알선한 인사과장님은 전부터 미화반장이라는 직함도 받기로 한 겁니다.

이 세계는 이렇게 들어가기도 쉽고 나오기도 쉬워서 자주 자리를 옮기는 동료들이 많습니다. 저는 그래서 새로 이적한 아파트에서 석 달간을 일하다가 참으로 깐깐하고 맹랑한 좀생이 같은 소장을 만나 또다시 자리를 옮기고 또 옮겼습니다. 미화원의 습성이기도 하지만 절대 완전한 직장이 못되기 때문입니다.

29. 동창친구

아마도 가장 친한 친구 가운데 동창 친구처럼 친한 친구는 없을 것이라고 봅니다. 그 중에서도 남달리 각별하다고 생각하는 초등학교 동창 친구는 우리가 어릴 적부터 내리 줄 곳 6년 동안을 함께 다녔다는데 있을 거라고 봅니다.

제 과거 역사 속에는 지울 수 없는 그런 친구들이 있었습니다. 이런 뜻깊은 인연은 평생 가도 두 번 다시없을 것입니다. 돌이켜보면 우리는 짓궂은 장난도 많이 치고 싸우기도 했지만 곧장 또 잘 어울리기도 했습니다. 그런 사이였기 때문에 훗날 만나서도 서로 헐뜯고 욕을 해도 무방했습니다. 기분 나쁠 수도 있지만 싸움으로 비화되지 않고 그냥 농담으로 여기는 것은 우린 서로 늘상 그리하며 친해졌기 때문에 언제 만나 무슨 짓을 해도 또 그때처럼 장난으로 치부해 버리고 말기 때문입니다.

그런 허물없는 친구들을 마다할 사람은 없을 겁니다. 우린 그래서 그 옛날 초등학교 동창 친구들이 한없이 좋아서 초등학교를 졸업한 후에도 우린 동창회를 만들고 매년 서너 차례씩 정기적인 모임을 갖기도 합니다.

올해로써 초등학교를 졸업한 지 58년째 반세기를 훌쩍 뛰어넘었습니다. 참 많은 세월이 흘렀습니다. 저는 올해 70입니다. 그동안 연락이 닿지 않아 한 번도 보지 못한 친구들도 많이 늙고 변했을 것입니다. 모두

다 어떻게 지내는지 정말 보고 싶습니다.

또한 한편으로는 어디서 만나기라도 한다면 그때 그 친구들을 알아보기나 할는지도 의문입니다. 혹시 세월을 비껴간 친구는 있을는지…. 저는 지난 4월 4일 날 꿈에도 그리던 동창 친구 한사람을 만났습니다. 직장을 옮기고 처음 출근하는 날 저는 우리 미화원들에게 인사를 하게 되었습니다.

아파트는 구조상 외곽보다는 내부 청소하는 여성 미화원이 많은 곳입니다. 열 입곱 명 가운데 여자가 두 배나 많은 열세 명이나 됩니다. 여자들 판이라고 볼 수 있습니다. 여자들이 많으면 남자는 기가 죽어 고개를 잘 들지 못하게 돼있답니다.

저는 사교성이 좋아 쉽게 말을 트고 잘 어울리는 사람인데 이날만큼은 부끄러워 고개를 들지 못하고 그날 그 자리에 꿈에도 생각 못했던 초등학교 동창 친구 한사람이 있었나 봅니다.

어머머~ 하고 친구는 놀라면서도 쉽게 아는 척을 못하고 두근거리는 마음을 애써 참고는 일과가 끝난 후 서둘러 미화반장한테 가서 제가 진짜 초등학교 친구 강석관이 맞는지 물어보았다고 합니다.

회사에 제출한 이력서에는 성별 나이, 출신학교와 경력 등이 기록되어 있기 때문에 접수받은 반장한테 여쭤어 보면 확실하기 때문입니다. 그리고는 퇴근 후 저녁에 전화를 한 겁니다. 모름지기 살아있으면 만난다더니 우릴 두고 하는 말 같습니다.

처음에는 전화를 걸어놓고 떠 보느라 시간도 끌었지만 설마 그가 동창 친구일 줄이야 정말 몰랐습니다. 전혀 감을 못 잡아 그 친구가 자기가 살던 옛 고향동네를 들먹이는 바람에 그제야 알아 차렸습니다. 참 좋은 친구입니다. 이 친구는 초등학교 졸업 후 한 30년쯤 되었을 무렵 중간에 우리 동창모임에 나타났던 친구입니다.

어엿한 중년부인이 되어 두 번이나 참석했었는데 어인 일인지 그 뒤 연락이 끊어지고 말았습니다. 들리는 소문에 의하면 이 친구는 그 뒤 남편의 건강이 안 좋아 수발을 든다고 하더니만 남편은 끝내 누웠던 자리에서 일어나지 못하고 그만 숨을 거두어 졸지에 혼자되었다는 소식을 들었습니다. 그런 정황에 무슨 재미가 있다고 동창회에 나와 웃고 즐길 수 있겠습니까?

홀로된 친구는 자식과 함께 오로지 살아야 된다는 일념 하나로 앞만 보고 달렸겠지요. 벌써 30년 전 얘기입니다. 그런 이유로 해서 살다 보니 어떻게 흘러흘러 여기 세종시까지 흘러들어 정착하게 된 것 같습니다.

우연인지 필연인지 그 친구도 미화원이 되어 저를 만나게 된 겁니다. 그 친구는 이 아파트에서 일한지 벌써 3년차라고 했습니다. 직장 선배인겁니다. 이튿날 우리는 그 친구가 담당하는 402동 앞에서 보게 되었습니다. 생각대로 많이 변해있었습니다.

저보다는 두 살 위라 그런지 얼굴에 노태가 났습니다. 그러나 타고난 천성인지 그 친구의 그 다소곳한 성품은 여전히 간직하고 있었습니다. 그 때문에 두 살 연하의 초등학교 동창을 만났는데도 그 친구는 제 이름 석자를 차마 부르지 못해 그냥 친구, 친구라고만 불렀습니다.

졸업 후 30년에 만났다가 또다시 30년 만에 만난 초등학교 친구! 앞으로 100세를 산다고 가정하면 우리나이 70에 앞으로도 30년을 더 살 텐데 서로 힘이 되었으면 좋겠습니다.

30. 작은 그릇

    1980년대에 우리나라는 아주 큰 외환위기를 겪었습니다. 전에 없었던 비정규직이란 단어는 이때 처음으로 생겨났습니다. 많은 공장과 회사들이 문을 닫기도 하고 부도 위기에 몰린 사업체는 살아남기 위해 발버둥을 쳤습니다.

    대량해고에 희망퇴직까지 남은 근로자들은 제대로 봉급을 받지도 못했습니다. 시간을 단축하고 정규직보다는 비교적 임금이 적은 비정규직 근로자들로 채워졌습니다. 그래도 한 순간에 직장을 잃고 실업자가 되는 것보다는 이 방법이 더 좋을 것 같아 이 방법을 선택했습니다.

    그 이면에는 언젠가 회사가 정상적으로 가동되면 우리도 원래대로 일자리가 회복 될 것이라 보았던 겁니다. 하지만 IMP를 벗어난 지 20년이 넘었는데도 비정규직 문제는 해결되지 않고 오히려 늘어만 갔습니다.

    급기야 국가가 나서서 개선책을 내놓아도 말끔하게 해소되지는 않고 있는 상태입니다. 저는 거기에 한 피해자입니다. 저는 아파트 미화원입니다. 비정규직 사원입니다. 우리는 용역업체로부터 일 년 단위 계약을 맺습니다.

    죽어라고 일하고 받는 월급도 백만 원을 조금 넘을 뿐입니다. 그러므로 단 10만원만 더 준다면 우리는 지체 없이 직장을 옮기기도 합니다. 그러나 비정규직 근로자에게 대한 대우는 여전히 형편없습니다. 저는 들어가는 첫날부터 작업복 한 벌 갈아입을 공간이 없어 누가 볼까 남의 차 뒤에 숨어 옷을 갈아입었습니다.

도시락을 싸 와도 어디 덥혀 먹을 데가 없어 썰렁하게 식은 찬밥을 주차장 시멘트 바닥에서 해결해야 했습니다. 일은 아파트 전체를 앞 뒤 두 권역으로 나누어 외곽 미화원 네 사람 중 2인 1조가 되어 두 팀으로 나누어 짜임새 있게 일을 잘했습니다.

그러던 어느 날 소장은 이게 무슨 학술적 연구가치가 있다고 오전과 오후 할 것 없이 잘 돌아가던 일을 돌연 취소하고 갑자기 오전과 오후를 다르게 편성하여 오전엔 한 사람씩만 붙이고 오후에는 터무니없게 세 사람으로 늘려 일을 시켰습니다.

소장님 밑에 과장과 계장, 실장, 대리, 주임 등 많은 직원들이 있는데도 무시하고 일도 소장 당신께서 직접 나서서 일을 시켰습니다. 소장님 스스로가 체계를 무시한 겁니다.

아파트는 본래 오전 일이 많습니다. 전날 오후 저희들이 일을 마치고 퇴근하면 이튿날 정오까지 아파트 주민들이 버리는 쓰레기는 대부분 한낮보다는 저녁과 밤 오전에 다 버립니다.

제가 일하는 곳은 1700여 세대의 대단지 신규입주 아파트입니다. 날마다 평균 열 집 이상 많게는 스물다섯 집까지도 이사를 옵니다. 따라서 이주민들이 버리는 쓰레기 양도 어마어마합니다. 하루 중 오후보다는 오전 일이 확실히 많다는 건 설명의 여지가 없습니다.

그런데 별안간 정작 일이 많은 오전에는 한사람씩 한 권역을 맡기고는 진짜 일이 없어 한가한 오후에는 세 사람을 시켰습니다. 그래도 우리는 을(乙)에 있는 입장이라 말도 못하고 그 힘든 일을 오전에 다 했습니다. 오후는 일이 거의 없는 상태라 그러면 오후에는 혼자서도 일이 가벼워 쉽습니다. 나머지 두 사람은 빼놓거나 다른 일을 시켜도 전혀 지장은 없습니다.

그런데 무슨 똥고집인지 소장 당신 스스로가 말했듯이 이 일을 고집스럽게 계속 밀고 나갔습니다. 매번 한 사람당 월급 150만원을 치면 일년 1,800만원 두 사람이면 3,600만원 인원 감축에 따른 그만큼의 인건비가 적게 들어 아파트 관리비에서 주민부담도 적고 용역업체 또한 그만큼에 인건비가 줄어들어 회사에 이익을 가져다 줄 텐데 그런 말은 또 싫어했습니다. 오후는 거의 놀다시피 했습니다. 그러면서도 잠시라도 쉬는 꼴은 못 보는 분입니다.

일을 시켜 놓고서도 미화원 전체를 불러놓고 회의를 주지하며 여러분 400여대의 감시 카메라가 여러분을 주시하고 있다고 해놓고서도 못 미더운지 소장은 하루 두 차례 오전과 오후로 나누어 자전거를 타고 미화원들 뒤로 순찰하는 분입니다.

겨울눈은 가뭄에 비처럼 참 좋은 겁니다. 아기들뿐만 아니라 어른들도 동심으로 돌아갈 수 있는 장난거리가 많습니다. 쌓인 눈을 치우자면 사람이 다니는 인도만 치우고 그 외 다른 곳에서 눈사람도 만들고 미끄럼틀에 눈싸움 장난질에 재미있습니다.

여기 소장은 그런 여린 감성은 단 하나도 없는 모양입니다. 요즈음 아파트 길거리는 자동차가 달리는 신작로만큼이나 넓은데 그걸 그냥 못 치우면 그 이튿날도 또 삼일이 걸리더라도 이 소장은 그걸 말끔히 치우는 성질입니다.

다른 아파트들은 죽가래로 두 번 사람의 왕복할 수 있는 길만 터주어

오래토록 아이들이 눈을 보고 즐기는데, 우리 소장은 전혀 해당되지 않는 곳도 누군가가 여길 왔다가 넘어질 수 있다는 가정 하에 치우자는 겁니다. 눈을 치울 때도 단순한 일을 20여분에 걸쳐 장황한 설명을 늘어놓았습니다.

어떻게 국가에서 치르는 똑같은 주택관리사 시험에 똑같은 방법으로 똑같이 응시하여 똑같은

주택관리사 자격증을 취득했을 텐데 배포 큰 다른 아파트 관리소장들에 비해 이렇게까지 차이가 날까요? 같이 있다 같이 이곳에 왔다는 미화원을 비롯하여, 우리 모두는 벌써 '소장 크기는 틀렸다.', '그릇이 너무 작다'라고 했습니다.

오죽하면 그 후 다른 아파트에서 만난 다른 소장님은 소심한 여자임에도 불구하고 칠순 때 해외여행을 다녀온 미화원에게 나흘간이나 휴가처리 하지 않고 근무를 줬는데 여기 소장은 직원이 일하다 병을 얻어 닷새간이나 입원 치료를 받았는데 면회는커녕 휴가 처리를 했을까요?

요즈음은 집에서 기르는 개가 아파도 병원에 가서 치료해 주는 세상인데 개처럼 놀고먹은 것도 아니요 그 열악한 환경에서 일하다 그 지경이 된 직원을 개처럼 대할 수가 있을까요? 결국 그 직원은 갑질 하는 소장 밑에 버틸 수가 없어 이직을 하고 말았습니다.

31. 동갑내기 친구들

사회생활을 하다보면 필연적으로 꼭 만나봐야 할 사람은 있지만 우연찮게 만나게 되는 사람도 많이 있습니다. 한번 만나 두 번 만나 알고 지내다보면 뜻이 통하고 코드가 맞아 아주 가깝게 지내는 경우도 있지만 보기보다는 딴판이라 그만 곧 헤어지는 경우도 허다합니다. 사사건건 말썽을 피우고 다투다 보면 사람들은 관계를 절단하게 되는 겁니다. 의사(意思)가 통하는 사람들은 거부감이 없어 갈수록 우애가 돈독해져 정기적인 모임도 갖습니다.

직장에서는 동료끼리 사회에서는 나름대로 모임이 정말 많습니다. 저는 목이 좋은 곳에서 장사를 오래 하다 보니 아는 사람이 많이 이런저런 사람들의 권유로 여러 가지 단체에 가입하고 많은 모임에도 참석했습니다.

무슨 일만 있으면 얼굴을 내밀고 인사를 나누면서 명함을 돌리고 하나씩 둘씩 인맥을 넓혀 가다보면 사업에도 적지 않은 큰 도움이 되기 때문입니다.

그렇게 한동안 왕성한 활동을 전개하다 보니 문제가 생겨 홀로 나와 요양을 하다 보니 가족도 친구도 그 많던 친구들도 거의 다 연락이 끊어지고 말았습니다.

아주 오래된 40년 지기 친구들과 60년을 넘게 이어온 초등학교 동창

밖에 남지 않았습니다. 유일하게 농담을 서슴지 않고 할 수 있는 좋은 친구들입니다. 그 외는 별 소득이 없으면 그만두는 자기중심적인 사람들입니다.

40년 지기 친구들은 제가 이곳으로 이사와 알게 된 사람들입니다. 맨 처음 군 의회 의원을 지낸 친구가 모임을 주선하여 시작된 모임입니다. 회원은 총 18명, 모두 다 관내에 거주하는 사람으로 1949년 기축생 동갑내기로 날짜도 잃어버리거나 헷갈리지 않도록 아예 매달 18일로 못박아 한 달에 한 번씩 만나는 게 다였습니다.

그래도 운영상 회칙이 필요하여 남들 하는 대로는 따라 했지만 같은 친구들이라서 회장과 부회장 총무는 생일 순으로 못을 박아 평생 임원 교체를 없애 버렸습니다. 하지만 여기도 세월은 흘러 우리 나이 40, 50, 60대에 시간이 가다보니 뜻하지 않게 세상을 떠나고 고향을 떠나 결원이 생겨 인원은 자꾸만 줄어들고 있습니다.

그동안 수를 채우려고 노력했지만 여러 가지 조건이 걸려 지금까지 한 사람 충원도 못한 채 20년을 보냈습니다. 회갑이 되던 해 우리는 그때서 늙는다는 것을 알고 두 다리 성성할 때 바람이라도 쐬어 보자고 우리는 예순하나 회갑 때 필리핀으로 해외여행을 다녀오기도 하였습니다. 추억을 만든 지 10년, 올해 나이 70이 되었습니다. 사람들은 올해도 칠순기념으로 바깥나들이를 하기로 뜻을 모았습니다.

그간 떠난 사람이 몇 명 되다보니 10년 후 이 인원이 이대로 남는다고 보장할 수 없기 때문에 올해를 마지막이라고 보고 여행을 하기로 의견 일치를 본 것입니다. 장소는 나이를 생각해서 춥지도 덥지도 않고 그리 멀지도 않은 적당한 기후를 가진 베트남으로 정했습니다. 날자는 2018

년 3월 7일부터 12일까지 3박 5일 일정으로 잡았습니다.

여행 경비는 1인당 약 100만 원꼴 부부동반으로 가는데 약 200만 원꼴, 적지 않은 금액에 부담을 덜기 위해 회비는 매번 모일 때마다 조금씩 갹출하되 총무계좌로 이체하고 그때 가서 부족한 부분은 그동안 모은 회비에서 꺾어 쓰기로 했습니다. 다들 찬성했습니다. 그러나 저는 내심 속으로 걱정거리가 한 가지 있었습니다. 가기는 가야 하지만 월차도 없는 직장으로 옮긴 지 얼마 되지 않아서입니다. 2인 1조가 되어 함께 일하는 동료가 있긴 하지만, 이제 입주가 시작된 새 아파트라서 너무도 일거리가 많기 때문이었습니다.

가끔은 둘이 하나 되어 하루 종일 죽어라고 일을 해도 다 못하고 서너 군데는 남아 손도 못 대는데 과연 이런 빠듯한 일정에 관리소에서 저를 며칠 동안 휴가를 보내줄까 하는 겁니다. 혼자서는 감당하지 못하는걸 알면서 안 됩니다. 하고 소장님이 노하면 저는 어떻게 됐을까요?

방법이 없었습니다.

그저 성경에 나오는 야곱처럼 7년을 칠일처럼 생각하고 열심히 일을 잘해 소장님 눈 안에 드는 수밖에 별 도리가 없습니다. 그리고 출국 일주일 전 드디어 소장님의 허락을 받아내고 모처럼 꿈에도 그리던 베트남의 그 유명한 관광지를 다녀오게 되었습니다. 정말 평생 두고두고 잊지 못할 여행이었습니다.

떠나는 날 함께하는 동료가 미안스러워, 그날 새벽같이 다섯 시에 일어나 출근을 했습니다. '백지장도 맞들면 낫다.'고 조금이라도 거들면 그 친구에게 도움이 될까봐 일찍 나와서 제1권역 8개 분리수거장을 돌며 재활용 쓰레기를 치우고 쓸고 닦았습니다.

8시 반 출근한 동료와 한동안 남은 재활용장을 돌고 나서, 시간 때문에 그만 떠나게 되었습니다.

"헤이! 혼자만 두고 미안해. 다녀올게."

그러자 동료는 자기 호주머니에 흰 봉투 한 장을 꺼내더니만 제 허리춤 바지 주머니에 넣어주는 것이었습니다.

"잘 다녀 오시유~"

퉁명스럽게 던진 말이지만 그건 여행경비에 보태 쓰라고 준 돈이었습니다. 그날 제게 찔러준 여행 축의금 5만원은 새해 첫날 지금 부인의 예쁜 두 딸들이 세배 와서 받은 이후, 이번이 두 번째…. 제게도 이런 감격적인 날이 있을 줄이야…. 금년은 좋은 일만 있을 것 같습니다.

그때 우리 두 부부에게는 신혼여행이었습니다. 칠순을 기념하기 위해 직접 한국에서 공수해 온 케이크에 촛불을 끄면서 친구들은 이참에 조촐하나마 웃으면서 우리의 결혼식을 올려 주기로 했었습니다.

모두 다 좋은 분들입니다. 여행을 다녀오도록 허락해주신 아파트 소장님도 고맙고 축의금을 넣어준 동료도 고맙고 형식적이나마 우리의 결혼을 축하해준 친구도 고맙고, 다 그렇습니다. 모두 다 그런 마음들을 갖고 있다면 정말 좋겠습니다.

- 2018년 3월 12일

32. 우리 집은 만물상

속담에 나그네가 길을 가다보면 소도 보고 말도 본다는 말이 있습니다. 살다보면 이런저런 별의 별 일들을 다 보고 산다는 말일 겁니다. 지금의 제가 그렇습니다. 어찌어찌 하다가 이렇게 지금의 부인을 만났습니다. 현 부인은 한때 목회를 꿈꾸었던 전도사로서 신학을 공부한 사람이라 마음 씀씀이가 예사롭지는 않습니다.

완벽하지는 않지만 별다르게 문제될 게 없는 사람인데 부인은 한 남동생의 잘못으로 사채 빚을 지게 되어 뜻하지 않게 아파트 한 채를 날리게 되었습니다. 서른다섯 결혼한 큰딸과 함께 살다가 이런 일을 당해 졸지에 살림살이를 다 잃은 겁니다.

하는 수 없이 딸, 사위, 손자손녀와 작은 원룸 하나에서 지내는 처지가 되었습니다. 보다 못한 제가 그 사위 때문에 부인을 어떡하나 하다가 제가 들어 살던 원룸에서 보증금을 조금 털어 시장통 뒷골목 싸디 싼 방 하나를 얻어주고 부인은 그대부터 아파트 청소를 다녔습니다.

버스를 두 번씩 갈아타고 다녀도 한 달에 70만 원 정도 봉급이 너무 박했습니다. 고생이 심했습니다. 사람들은 신도시 아파트는 시설도 좋고 편리하다고 해서 그 뒤 좀 더 나은 일자리를 위해 세종시로 이사를 오게 되었습니다.

세종시는 대전시 구도심보다는 힘은 덜 들었지만 그 대신 월세가 보통 방한 칸에 40~50만원으로 비싼 임금에 비해 대신 월세 지출이 많아 생각 끝에 살림을 합치고 전셋집으로 들어갔습니다. 하지만 연연이 치솟는 전세금을 충당하지 못해 많은 대출을 껴안고 아파트 하나를 구입했습니다.

　20년 상환에 월 20만 원 이상을 납부해야 하지만 빠듯한 살림에 그것도 벅차고 부담스러워 그때부터 부인 대신 제가 청소를 나갔습니다. 2016년 7월 20일 날 처음 일을 시작했으니 올해로 벌써 2년째 저는 도사가 다 됐습니다. 아파트를 꿰뚫고 언제 어떤 재활용 물품들과 쓰레기가 많이 나오는지 다 알고 있습니다.

　눈여겨보면 제법 쓸 만한 게 나오기 때문입니다. 그렇게 되면 하나하나 모았다가 일이 끝나면 퇴근할 때 차에 싣고 와 살림에 보태 쓰는 겁니다. 저희는 이사 올 때 가재도구가 거의 없었습니다. 거실도 방도 누가 봐도 휑하니 없는 살림살이라는 것을 단번에 알아 볼 수 있을 정도로 구차해 있었습니다.

　하지만 그 동안 아파트를 다니면서 하나하나 이것저것 필요한 물품들을 가져오다보니 어느새 우리 집은 없는 게 없을 정도로 만물상이 다 되어버린 겁니다. 톱밥가루로 만든 흔하디흔한 거실용 TV 대도 제가 사는 우리 아파트 재활용장에서 구입한 것입니다. 그래도 목재가구처럼 예쁘게 보여서 그 위에 금슬 좋은 부부를 연상케 하는 작은 인형과 아름다운 자태를 드러낸 비너스상은 액세서리로 그만입니다.

　물건 장식을 하지 않을 땐 별 것 아닌 것 같아도 둥그런 의자처럼 생긴 작은 원탁 받침 테이블은 잘 늘어진 풍성한 스킨답서스를 올려놓으니 싱싱하고 생동감이 넘쳐 습도 조절에도 그만이랍니다. 어느 분이 무슨 용도로 사용하다 버렸는지 꽃집을 운영하며 화훼장식사 자격증을 따게 된 저는 이것을 어디에다 걸면 잘 어울릴까를 알아 꽃목걸이 하나를 주울 때마다 우리가 열고 닫는 방문 맨 위 중앙에 걸었더니 원형의 부케 스타일이라 얼마나 예쁜지 마치 모두가 공주방처럼 보이기도 한답니다.

운치를 더하고 거실을 가장 아름답게 장식한 것은 3년 동안 틈 날 때마다 아파트를 돌며 수집한 외국산 술병들입니다. 모양과 색깔 크기가 다 다른 유리제품으로 5단짜리 책장 두 개에 진열된 병들은 얼마나 빛나고 아름다운지 우리 집 최고의 인테리어로 우리 집을 방문한 사람들은 '음~ 그것도 환상적!' 이라고 감탄을 자아내기도 합니다.

이제 없어서 곤란을 겪던 애로사항이 해소된 것 같습니다. 아파트 생활 3년 동안 미화원으로 일한지 2년 만에 얻을 만한 것들은 거의 다 구비한 것 같습니다.

철두철미하게 시간을 쪼개 쓰는 저에게 방방에 걸린 각기 다른 벽시계는 저를 더욱 틀림없는 인간으로 만들어 가고 있습니다. 그 중에서도 가장 소중하게 다루는 것은 거실 바닥에 깔린 유럽풍의 카펫입니다. 무늬와 색깔이 고급스러워 부잣집 티를 내는 것 같아 주워온 제품이라고 자랑하지는 않습니다.

뭐니 뭐니 해도 실속 있는 것은 운동기구입니다. 입다가 낡아서 버린 헌옷처럼 흔히 발견할 수 있는 물건은 아닙니다. 어쩌다 드물게 나타나 누구든 눈에 띄면 가져가지만 재활용 업체는 여러 가지 사정상 수거를 잘 하지 않습니다.

재질 자체가 플라스틱에다 철, 알루미늄 모터와 천으로 되어있어 이들을 분리수거하자면 오랜 시간 해체하는 인건비가 더 들어 득이 되지 않기 때문입니다. 수거 업체가 본다 해도 막지는 않습니다.

저희 집은 25평, 작은 집이지만 이런 운동기구가 다섯 개나 됩니다. 아침에 일어나 빼놓지 않고 다 다루다 보면 어느새 팔, 다리허리, 몸 전체가 운동이 되어 그날 아침 일하기가 훨씬 수월하답니다. 저같이 약한 70대의 노인에게는 무리가 가장적은 적당한 운동으로 건강에는 최고의 기구랍니다. 직접 생활에 필요한 도구들과 식재료 음식물은 먹고 쓰고 아쉬워할만하면 그때 또 가져오게 되어 그런대로 공짜라는 재미가 쏠쏠한 것입니다.

그 중에서도 가장 흔히 볼 수 있고 많이 가져온 물건중 하나가 부인의 옷입니다. 남편으로서 부인의 체형을 잘 알기에 꼼꼼하게 크기와 색상, 모양과 질 등 모든 것을 보고 고르고 골라 최상의 것만으로 가져오는데도 2년 만에 얼마나 주워 날랐는지 부인의 옷장이 하나 가득 채워졌습니다. 이제 부인 옷 걱정은 안하게 되었습니다. 계절별로 또는 그때그때 장소와 형편에 따라 입고 나갈 옷이 충분하기 때문입니다.

요즈음은 부인도 나들이를 할 때면 패션쇼를 하듯 이것저것 걸쳐보고 멋도 부리게 되었답니다. 모든 물건을 이렇게 조달해 쓰다 보니 굳이 생돈 들어가지 않아서 그럭저럭 조금씩 아껴 모은 돈도 생겨나 통장에는 적지 많은 약간에 비상금도 저축돼 있습니다. 부인과 제가 생활에는 일맥상통하기 때문에 가능한 겁니다.

그동안 힘들게 일하면서 갑질에 무시당할 때는 스트레스에 마음아파 고생한 적도 많지만 적게나마 생활에 이바지 한다는 생각에 요즈음은 많이도 당당해졌습니다. 다들 그럴 때마다 속으로는 웃었습니다. 그러나 공짜로 얻어다 쓰면서도 항상 가슴 아픈 것은 음식물입니다.

엊그제는 명절 끝이라 그런 건지 아침에 일터에 나갔다가 흰떡을 한 말정도 가져왔습니다. 음식물 쓰레기를 버리러 수거함에 갔다가 그 안에서 발견한 겁니다.

며칠 뒤에는 검은콩도 5 되 가져왔습니다. 라면을 버리거나 국수를 버리는 사람, 양념류를 버리는 사람도 있습니다.

오늘날은 안전이 최고라고 합니다. 보건위생상 식품 안전 법에 의거 어떤 제품이든지 먹는 음식물에는 반드시 유통기한이 명시되어 있습니다. 한 시간만 지나도 안 되는 것처럼 알고 있지만 보관상태가 양호한 제품들은 한 달이 지나도 무방할 것들이 있습니다.

이듬해에 다시 심고 열매를 거두는 곡물류는 어느 정도면 먹을 수 있는데도 몇 개 썩고 벌레 먹었다고 고르기가 싫어서 무조건 버리는 것들이 있습니다.

그보다도 가장 마음 아픈 것은 시골에서 부모님이 농사지어 김장해 보낸 농산물들입니다. 마트에서 구입했다고 보기에는 어렵기 때문에 그 부모님이 알면 얼마나 기가 막힐까 염려가 되기도 하는 겁니다.

그분들은 싫어서 또는 맛이 없어 해먹기가 귀찮아서 버리지만 부모님은 피와 땀을 흘렸을 겁니다. 조금만 더 신중하게 생각하고 신경을 썼으면 하는 생각이 간절합니다.

저는 이럴 때마다 살점이 늘어나는 만큼 생각도 하나 둘 더하게 되고 쓸데없는 고민도 늘어나 집안은 만물상이 되어 가는데 저는 주름살이 자꾸만 늘어나 고물상이 되어 가는 느낌입니다. 그래도 탈 없이 이 몸 이끌고 나가는 것이 얼마나 은혜로운지 늘 감사하며 살고 있습니다.

33. 첫 번째 소장님

2016년 7월 20일.

일에 지친 제가 마음먹기는 다시는 일을 하지 않는다고 맹세했는데 4년 만에 다시 일을 시작했습니다. 자영업을 20년 넘게 해온 사람이라 남의집살이가 좋아서 들어간 것은 아닙니다. 4년여를 놀다보니 쉬는 것도 넌덜머리가 났습니다.

이러다가는 몸이 고장 날 것 같아 안 되겠다 싶어 운동 삼아 무언가는 해야겠다는 급박한 생각에 제 스스로가 일을 선택해 아파트 청소를 하는 미화원이 된 것입니다. 이미 친구들 모임 때마다 소문으로 들어봐서 알지만 아무리 힘들고 어려워도 어려서 시골에서 똥장군도 짊어져 봤는데 못할게 뭐 있나 싶어 자신 있게 뛰어든 겁니다. 직장은 집에서 5분 거리 가까운 거리에 있어 얼마간이라도 자동차 기름도 아낄 겸 걸어 다닐 만 해서 그 길을 선택했습니다.

아침에 출근하면 오후 세시반이면 퇴근을 하니까 시간적 여유도 많아 충분한 휴식도 취하고 나를 위한 취미활동도 전개할 수가 있어 왠지 이 직장은 봉급이 적은데도 신의 직장처럼 제게는 딱 맞는 직장이라 좋았습니다.

회사에 입사해보니 미화원은 남자인 저 하나를 포함해서 여자 미화원이 다섯 명 총 여섯이 일을 하지만 서로 분야가 달라 여자 분들은 주로 단지 내 로비와 계단 등을 청소했지만 저는 외곽 담당이라 넓은 지하 주차장까지 일이 크고 방대했습니다. 아파트는 총 10개 동에 주민세대수는 약 600여세 대 2000명이 상주해 있어 자동차만도 700여대가 넘습니다. 무척 넓은 면적입니다.

또한 세종시는 정부주도로 이루어지는 명품 도시로 꾸며지기 때문에 녹지공간이 40프로를 차지해 거의가 다 지하 주차장으로 설치되어 지상과 지하의 면적이 같다고 봐야 할 겁니다.

이 끝에서 저 끝이 안보일 정도라서 어떤 날은 지하주차장 자동차 유리창에 붙은 광고지만 떼어내는데도 한 시간 이상이 소요될 때도 있어 그 더럽혀진 맨 바닥을 쓸고 닦는 데는 한도 끝도 없을 때가 많습니다.

그 일손도 부족한데 외곽 재활용센터 분리장이 일곱 군데 여기에 매일같이 쏟아져 나오는 생활쓰레기는 박스와 스티로폼, 플라스틱, 비닐, 캔, 병과 의류, 가전제품 유리와 사기그릇 가구 등 10여각지가 넘습니다.

회사 측에서는 이들을 버리기 좋게 앞앞이 그릇을 준비해 놓았지만 따로따로 분리해버리지 않고 한꺼번에 섞거나 속박이를 해서 버리는 분도 많아 어느 때는 한자리에서 하루 중 반나절은 소비하는 경우도 종종 일어납니다. 굉장히 힘들고 어려운 작업입니다.

거기다가 주민 편의를 위해 거미줄처럼 나있는 길바닥에 눈이라도 내리면 겨울엔 하루 종일 눈을 치워야 하는 것도 제 몫입니다. 봄부터 조성된 공원에 잡풀이 나기 시작하면 보는 대로 뽑아내야 하고 처서(處暑)가 지나 가을로 접어들면 하나둘 낙엽도 지기 시작하여 한겨울 2월까지 일 년 내내 제 손에서 빗자루는 놓을 새가 없습니다.

　웬만한 사람 견디기 힘든 일이라 제가 입사해 보니 그동안 입주 5개월 만에 외곽 청소하시는 분이 벌써 세 사람이나 바뀌고 제가 네 번째랍니다. 저도 겁이 나고 견딜 수가 없어 입사 한 달 만에 사표를 고심했었습니다. 그러나 아직은 처음이요 몸이 말을 안 들어 그렇지 조금만 더 버티고 적응하면 괜찮다는 말에 참고 버틴 겁니다.

　또한 어느 정도 시일이 지나다 보니 쉽고도 편한 방업을 연구하게 되고 요령도 생겨 일도 한층 가벼워졌습니다. 그 와중에 우리 소장님은 보기에 딱했던지 주민을 어떻게 설득했는지 그렇게도 갖고 싶던 대용량 청소차를 한 대 구입해 주셔서 일은 훨씬 수월해 졌습니다.

　그 후부터 지하는 항상 방금 지은 새아파트처럼 깨끗해졌습니다. 작은 돈이 아닙니다. 이 기계를 구입하는데 무려 1,700만원이라는 거금이 투입 되었습니다.

　이 돈은 관리비에서 지급됐지만 결국 주민 손에서 나오는 기금으로 따져보니 주민 가구당 약 매달 1,300원씩 납부해야 하는 돈으로 임대아파트에 거주하시는 주민들은 다소 부담이 될 텐데 소장님은 환기도 잘 안 되는 주차장에 매일 같이 자동차들이 내뿜는 매연에 미세먼지, 자칫 잘못하면 주민 건강을 해칠 우려도 있어 그런 불미스러운 일을 사전에 예방하고 쾌적한 주거환경을 위해서는 반드시 이 기계가 필요하다 역설했나 봅니다.

　아무튼 쉽지 않은 일을 해낸걸 보면 아파트는 처음이다 하시지만 능력이 있다고 봅니다. 직원도 잘 다루십니다. 마음에 들건 안들 건 동등

한 대우에 배려도 잘 해주셔서 직원들이 요구하는 것은 되도록 들어주는 편이십니다.

그렇다고 내가 했다 생색도 내지 않고 한 달에 한번 소방교육이나 안전 교육 때만 모습을 보여 항상 무게 있게 행동하십니다. 그러니 소장님을 가볍게 보는 사람은 아무도 없는 겁니다.

조직사회라는 점에서 소장님은 가장 높은 윗사람으로 지시사항이 있으면 반드시 과장을 통해 해 계장, 대리 순으로 명령을 하달하여 지휘체계를 엄격하게 지키시며 대부분 어려운 사정을 잘 듣는 편입니다. 저도 그런 소장님의 혜택을 입은 적이 있었습니다.

교회일로 어쩔 수 없이 하루를 결근하게 되는데 소장님은 그걸 휴가처리 하지 않으시고 그 자리에서 직접 직원을 시켜 근무일수로 쳐주셔서 고스란히 한 달 봉급을 다 받도록 해 주신 겁니다. 그 때문에 저는 그 이상 노력을 했습니다.

그 뒤 두 달이 멀다하고 전 직원이 지하 주차장 대청소를 하던 관습도 사라졌고 많은 변화가 일어났습니다. 참 대단한 분이십니다.

소장님은 키가 크십니다. 그의 자랑거리는 없습니다. 늘 화난 것처럼 창백한 얼굴에 눈꼬리는 길게 처져있고 처음 보는 선입견은 누가 봐도 차갑게 느껴지지만 보기보다 따듯하고 좋은 편이라 직원들은 항상 존경하고 있습니다.

그런 믿음과 신뢰 때문에 저는 힘들어 하면서도 일 년 이상을 근무 했었습니다. 사표를 낼 때도 요양이 필요했지만 그분은 당분간 쉬었다 오라고 했었습니다. 봉급이 박하면 조만간 올려주겠다고 제안까지 했었습니다. 또 나가면 그만인 이 바닥에서 끝까지 그 정을 끊지 않으려 애쓰는 모습에서 저는 처음이지만 우리 소장님 참 훌륭하다고 생각했습니다.

34. 바늘 도둑

　공동주택이라 해도 작은 빌라나 원룸 같지 않은 아파트는 워낙 범위가 크고 방대하다보니 이것만 관리하는 관리 사무실이 따로 있습니다. 온갖 많은 사람이 모여 살다보니 사용상 부주의로 깨지고 부서지고 망가져 고쳐야 할 부분들이 생겨나고 수도나 하수구 같은 곳은 막혀서 반드시 뚫어야 하는 문제도 나타나기 때문입니다.

　전문가의 기술이 필요하다 보니 이 방면에 능통한 사람들이 항상 대기하고 있는 겁니다. 또한 일상생활에서 매일같이 버려지는 생활쓰레기는 그 양이 엄청나고 더러워서 그때그때 즉시 치우지 않으면 쌓이고 넘쳐 보기도 흉할뿐더러 비바람에 날리면 지저분한 것입니다.

　그중에 매일 같이 버려지는 음식물 쓰레기는 제때에 처리하지 않고 방치대두면 코를 찌르는 악취에 파리, 모기들이 들끓어 위생상 건강도 해칠 우려도 있습니다. 그래서 보다 쾌적한 환경을 위해서 아파트나 공동으로 사용하는 다중시설에는 이들을 책임지고 정리하는 직원들이 있습니다.

　여기에 저는 기술도 필요 없고 단순히 일만하는 미화원으로 근무하고 있습니다. 여성분들은 아파트 로비나 복도, 층계 등 입주민의 생활공간을 쓸고 닦고 줍고 하지만 우리 남자미화원들은 그럴 이유가 없어 언제나 외곽만 담당하여 주로 밖으로만 돕니다.

주어진 일 자체가 다르기 때문입니다. 여자들은 주로 실내에서 움직이기 때문에 청소도구만 있으면 그만이지만 우린 각종물건을 다 다르다보니 큼지막한 리어카에 렌치와 망치, 드라이버, 톱 등 목수 같은 연장들도 필요합니다. 여자 분들은 한 단지 내에 세대수에 따라 인원이 배치되기 때문에 대부분 여러 명의 미화원이 필요합니다.

하지만 남자 미화원은 아파트 단지 내 설치된 쓰레기 분리장만 돌기 때문에 보통 여섯, 일곱 군데에 한사람을 두어 많아야 두 서너 사람만이 전부입니다. 우리 아파트는 1,156세대, 적지 않습니다.

혼자 감당하기는 무리라 두 사람이 한조가 되어 네 사람이 일을 하고 있습니다. 일은 양도 많지만 종목별로 열 가지가 넘습니다. 종이박스를 시작으로 플라스틱, 비닐, 병, 스티로폼, 철, 가구, 유리, 그릇, 전구와 건전지, 의류. 타지도 않고 재활용도 안 되는 폐기물통 등 정말 별의 별것이 다 있습니다. 보통 일주일이면 한차씩 쏟아져 나오기 때문에 이들 물건만 전문적으로 취급하는 수거, 환경업체가 따로 있습니다.

이분들은 일 년씩 계약을 맺어 관리소와는 밀접한 관계가 있습니다. 그러나 특별히 재미를 보는 건 없습니다. 스티로폼이나 비닐 따위 제품은 부피만 크지 실상은 돈이 되지 않는답니다. 종이박스는 물량이 많아 그렇지 등락폭이 심해 실질소득은 얼마 되지 않는다고 합니다. 병은 다루기가 곤란해 운반과 선별작업에서 깨지고 부서져 결국 나중에 계산해 보면 이것도 별 도움이 되지 않는다고 합니다.

고철은 괜찮다 싶지만 아파트에서는 캔 말고는 프라이팬이 전부랍니다. 캔은 양철로 만들어져 있지만 내용물이 없다보니 한 자루를 수거해 봤자 무게는 얼마 안 되는 겁니다. 재활용 가치가 높은 프라이팬만이 효자 노릇도 하는 겁니다. 일등 공신입니다.

그러나 직접 다루어 보지 못한 일반인들은 이 물건에 대한 가치를 알 수 없는 겁니다. 아무도 눈독을 들이는 사람이 없어 입주 때는 웬만한 가정들은 새것으로 교체해 쓰기 때문에 많은 물량이 쏟아져 나옵니다. 하루에 한 자루가 나올 때도 있습니다.

그러던 어느 날 뜻밖에도 재봉틀이 두 대나 나왔습니다. 부피가 커서 해체하는 데만 한 시간이 걸렸습니다. 재봉틀을 떠받들고 있는 껍데기만 나무요 그 외 나머지는 모터까지 전부다 철이라 꽤나 값이 나갈 겁니다.

그런데 이튿날 출근해 보니 그 재봉틀 2대와 모터만 없어졌습니다. 순간 내부소행임을 직감했습니다. 아파트는 환경업체와의 맺은 계약 때문에 밖에 있는 일반 고물상은 절대 내방을 할 수 없기 때문에 그런 추측이 가능한 겁니다.

은밀하게 알아봤지만 법인을 찾지 못했습니다. 꼭 잡아야 겠다 맘먹으면 잡아 낼 수 있습니다. 아파트는 요소요소마다 CCTV가 설치되어 있기 때문에 빠져나갈 수는 없지만 우리만 아는 사실을 굳이 관리실까지 알려 소란을 피우고 싶진 않았습니다.

그러던 어느 날 공무상 반장으로써 여자미화원들의 쉼터를 방문하게 되었는데 거기 한쪽 벽면에 프라이팬만 골라 담은 자루포대를 발견하게 되었습니다. 그들은 아마도 커피 값이라도 한다는 뜻에서 별다른 죄의식도 없이 이런 물건들을 가져다 파는 것 같았습니다. 이건 죄입니다. 저는 담당자로서 직접 얘기하기가 곤란하여 그냥 돌아왔습니다.

대놓고 말을 하자니 기분 상할 것 같고 의가 상하면 매일같이 어떻게 눈뜨고 보나 여러 가지를 고려해 참고 말았습니다. 이것을 밝히는 이유는 사람들이 이런 걸 너무 간과하거나 소홀히 생각한다는 겁니다.

엄밀히 따지면 이것은 남의 물건을 훔치는 행위입니다. 형사 처분 감입니다. 아파트는 관리소와 업체와의 맺은 계약 때문에 일단 아파트 주민이 분리수거장에 버리는 순간 그 소유권은 업체의 것으로써 그 권한도 업체에 있으므로 물건을 슬쩍하는 것은 엄영한 절도 행위입니다.

그들은 이것을 모아다가 잔돈푼을 뜯어 쓰는 재미로 지금까지 그 짓을 했던 겁니다. 도둑질을 막아야 했습니다.

나중 발각되어 문제가 생기기전 사고를 미연에 방지하기 위해 저는 지혜를 짜서 계장님을 불러 자초지종을 말하고 각 창고마다 점검 차 돌다보니 이것을 발견했고 또한 다른 문제가 있어 CCTV를 돌리다보니 우연히 발견했다고 하라고 했습니다.

우리가 필요해 사용하는 돈 백 원, 천원, 만원…. 거저 생기지는 않습니다. 생활고에 시달린다면 그 딱한 심정 이해할 수도 있지만 여기 일하시는 분들은 대개가 나이들은 어른들로써 아들 딸 다 결혼시키고 손자손녀가 있는 분들입니다. 여기서 나오는 월급 다 다 못 쓰는 분들입니다. 이제는 대접받고 사는 사람들입니다. 아들딸이 주는 용돈도 남아도는 사람이 있는데 그거 몇 푼 된다고 남을 가슴 아프게 하는 겁니다. 그러다 들통 나면 무슨 창피일까요? 한 달 월급 130만원 직장에서도 잘릴 겁니다.

한마디로 작은 것을 얻으려다 큰 것을 잃는 셈입니다. 이것을 가리켜 소탐대실(小貪大失)이라 하였습니다. 우린 비록 더럽고 추잡한 일을 하지만 인생자체를 더럽게 사는 것 같아 참 씁쓸했습니다.

그 때 계장님은 그리하겠다고 했으니 분명 그냥 넘어가지는 않았을 겁니다. 그 말을 들었다면 그들은 어떤 반응을 내어 놓았을지 잘못을 깨닫고 고개를 숙였다면 이미 그들의 전과는 벗어질 겁니다. 바늘 도둑이 소도둑이 된다는 걸 꼭 명심했으면 좋겠습니다.

제3부

한 통화의 힘

35. 폐지에 버려진 양심

　아파트 청소를 하는 우리 미화원들의 일상은 언제나 변함이 없습니다. 언제나 출근해보면 쓰레기가 산더미같이 쌓여있는 것을 볼 수 있습니다. 안 봐도 뻔한 일이라 우리는 집밖을 나서는 순간부터 항상 어깨가 무겁습니다. 치워도치워도 돌아서 보면 재활용장 안에는 언제나 또다시 주민들이 내다 버린 물건과 쓰레기가 쌓이기 마련입니다.

　반드시 분리 배출해야 할 폐지박스에 스티로폼이나 비닐 플라스틱 병과 캔, 유리, 심지어는 음식물 등의 뒤섞여 널브러져 있을 때도 있습니다. 이를 정리하기 위해 우리네가 필요하지만 이 엄청나고 많은 양이 뒤범벅이 되어 수북이 쌓여 있는 것을 보게 되면 어느 때는 엄두가 안날 때도 있습니다.

　엄연히 종류별로 구분해 담을 수 있는 각각의 용기가 따로따로 앞앞이 놓여 있는데도 불구하고 그곳에 넣지 않고 못 본 채 그냥 아무렇게나 던져놓고 가는 경우가 많습니다. 그중에 가장 많은 장소를 차지하는 것이 부피가 큰 종이박스와 스티로폼입니다.

　스티로폼 박스는 매우 두툼하지만 포장재를 뜯고 나면 집에서는 별로 다른 용도로 활용해 쓰기가 애매모호해서 대부분 십중팔구는 그냥 버려지지만 그 속에 별다른 내용물은 없어서 저희가 잘게 빠개 전문용기에 담아내면 재활용업체가 와서 수거해가면 문제될 것 없습니다.

하지만 폐지박스는 그렇게 단순할 수가 없습니다. 크기도 클뿐더러 나오는 양이 많아 재활용장 전체의 절반을 차지할 정도입니다. 인터넷에 발달하다 보니까 주부들은 집안에서 장을 봅니다.

치열한 경쟁 속에 마트에서는 살아남기 위해 단 이삼만 원의 물건만 구입해도 배달을 해줍니다. 장바구니는 없어지고 포장재만 늘어나다 보니 이것들을 담아온 상자는 쌓일 수밖에 없는 겁니다. 게다가 하루가 멀다하게 매일같이 쏟아져 나오는 새로운 가전제품은 소비자를 부추겨 자주 바꾸게 되어 아파트 단지는 매일같이 크고 단단한 박스가 나옵니다. 이것을 뜯어 차곡차곡 쌓아놓는 주민은 거의 없습니다.

소규모의 아주 작은 상자에서부터 큰 것 까지 전부다 일일이 저희 미화원들의 손을 거쳐야 합니다. 그런 것들을 수십 개씩 쏟아져 나오는 대로 분리하는데 그 작업량이 어마어마하다는 겁니다. 그래도 주민들은 개의치 않습니다. 월급주고 고용해 쓴다는 취지 때문에 나 몰라라 외면하고 있습니다.

어쩌다 우리가 작업 중에 있을 때 물건을 버리러 나왔다가 우리와 마주치게 되면 그때만큼은 할 수 없이 분리를 잘하지만 우리 눈 밖에 있다 하면 보는 사람이 없다고 그냥 박스째 날바닥에 휙 던져놓고 가버리는 사람이 적지 않습니다. 그런 주민들이 많으므로 비좁은 재활용장 안은 삽시간에 아수라장처럼 되어 버리는 겁니다.

우리는 공간이 적어 쉬운 것부터 부지런히 정리를 하고 맨 나중 박스 찰때가 되어 손을 보다보면 저절로 기가 막혀 말이 안 나올 때가 있습니다. 폐지나 빈 박스만 따로 분리해 담을 수 있는 커다란 보관용기가 두 개나 마련되어 있는데도 바로 코앞에서 그냥 버려두고 가기 때문입니다

다. 박스를 해체하는데 시간과 어려움이 따르는 것도 아닙니다. 이음새를 밀봉한 비닐 테이프만 제거하면 박스는 성격상 금방 납작해져 부피가 확 줄어들어 얼마든지 쌓을 수 있는데도 그냥 놓고 갑니다.

그런 의심스런 박스를 열어보면 영락없이 절대 있어서는 안 되는 다른 이물질들이 들어있는 것을 보게 됩니다. 참으로 하루 이틀도 아니고 미치고 환장할 노릇입니다. 어떤 분은 하나하나 일일이 분리를 잘도 하는데 그게 좋은 줄 알면서도 어떤 분은 그 같은 사실을 인지하면서도 박스 속에 여러 가지 온갖 잡것들을 몰래몰래 섞어 넣어 버리는지 그 버려진 양심은 도저히 이해할 수 없는 것입니다.

그런 걸 포대 속에 넣으면 그분은 그것으로 끝나지만 우리는 다시 그것을 꺼내 분리작업도 해야 만이 재활용 업체에 이 물건들을 내 보낼 수 있어 여간 번거로운 게 아닙니다. 설령 간혹 가다 손을 못 봐 빠지는 걸 그냥 모르고 수거를 해간다 해도 거기 가서도 다시 분리하고 걸러낸다 하면 생각지 않은 인건비에 업체는 수지타산이 맞지 않는다는 겁니다. 음식물은 음식물대로 유리는 유리대로 병대로 버려야 하는 것은 상식입니다.

이렇게 세밀하게 작업하는데도 박스는 이틀에 한 포대씩 나옵니다. 일주일이면 보통 서너 포대씩 됩니다. 우리 아파트가 16개 동으로 계산하면 전체 한 50포대쯤 되는 겁니다. 양이 워낙 많다보니 업체에서도 화요일과 토요일 두 차례로 나누어 대형 수거차량으로 하나 가득 채워가곤 합니다.

세종시는 거의 1차공사가 마무리 단계에 있습니다. 2차 공사로 접어들었는데 공장은 없고 아파트만 즐비합니다. 아파트 단지 하나에 보통

줄잡아 1000세대로 가정할 때 고운동 가락마을 만도 20단지가 넘는 것을 보면 여기서 나오는 폐지박스만 따져도 상상을 뛰어 넘을 겁니다.
　우리나라는 원료가 10퍼센트도 안된다고 합니다.
　전량 수입에만 의존하다보니 재활용 비중이 큰 겁니다. 잘했으면 좋겠는데 아직도 주민의식이 부족한 것 같습니다. 비닐 테이프를 뜯고 착착 접어 넣으면 관리비 정산 때 그만큼 주민부담도 줄어 들 텐 데 그걸 감안해 버리는 주민은 없는 것 같습니다. 반드시 바로잡고 고쳐져야 하는 잘못된 습관입니다.
　폐지박스에 감추어진 음식물에서 물이 줄줄 흐르면 몸이 젖고 코를 찌르는 냄새에 장갑 낀 손은 다른걸 만지기가 곤란한 겁니다. 어디 고충을 비할 수가 없습니다. 우린 비바람 눈보라도 피할 은신처도 없습니다.
　아주 힘들 때는 단 일분만 푹 쉬어도 원이 없겠는데 피곤을 풀만한 시설도 공간도 전혀 없습니다. 정이나 힘들고 어려우면 잠시잠깐 우리의 분신처럼 가지고 다니는 쓰레기 박스를 의자삼아 앉을 뿐 더 이상 여유는 부리지 못하는 실정입니다.
　그러니 직책이 그 사람에 신분을 대변하듯 이런 꼴을 보는 사람들은 우리를 우습게 볼 수밖에 없을 겁니다. 제발 분리만 잘해준다면 그래도 할 만할 텐데 이런 분들이 늘어나길 바라는 마음 간절합니다. 그러면 우리 삶이 무시당하고 추악해 보이지 않을 겁니다. 더불어 정말 '쓰레기 같은 년 놈' 이란 저속한 말도 하지 않을 겁니다. 이것은 폐지에 버려진 양심을 향해 하는 우리의 말입니다.

36. 허술한 면접

　직장을 잡고자 하는 사람은 이력서가 필수입니다. 일차 서류심사가 끝나야 다음 단계로 면접을 볼 수 있습니다. 아파트 청소를 하는 우리 미화원들에게는 별것도 아닙니다.
　전망 좋은 대기업처럼 한 번에 수천 명씩 채용시험을 치르지는 않습니다. 마지막 관문인 면접도 대기업처럼 까다롭지도 않고 간단합니다. 단순 노무직처럼 청소 한 가지만 잘 하면 그만이라 꼬치꼬치 이것저것 캐묻지도 않습니다.
　방대한 기업도 아니고 기껏해야 한 열댓 명이 일을 하기 때문에 면접관이 따로 없고 소장님이 알아서 해, 말이 면접이지 집에 갈일은 없어서 대부분 그 자리서 가부가 결정됩니다.
　말이 면접이지 사실상 형식에 불과하기 때문에 여기에 응시하는 사람들은 '떨어지면 어떡하나?' 하고 벌벌 떨 일도 없습니다. 그저 복잡하지도 않고 까다롭지도 않은 면접 때문에 저같이 공부 못하는 사람도 말주변이 부족한 사람도 들어갈 수가 있는 겁니다.
　저는 이런 허술한 면접 때문에 70늙은이가 취직이 되어 직장을 잡게 되었습니다. 이런 관문을 통과하고 들어왔으니 미화원 수준이야 이루 말할 수 없습니다. 기본질서나 상식도 몰라 문제만 일으키는 사람도 있고 위아래도 모르고 날뛰는 사람도 있습니다.

자연적으로 동료들끼리 사이가 좋을 리가 없어 걸핏하면 싸우고 나가고 또 내보내고 그런 틈바구니에서 인성을 지킨다는 건 어려워 저도 여기서 늙으려고 했는데 하는 수 없이 사표를 던졌습니다.

면접만 세밀하게 봐도 사람 때문에 속 썩지는 않을 텐데 두 번째로 옮겨간 직장은 그나마 아예 면접도 생략하였습니다. 저를 소개하는 지인의 말만 믿고 그쪽 인사담당 과장님께서 물을 것도 없이 출근하라는 전화를 주셨기 때문입니다.

입주 하루 전 예비소집일이 되어 가보니 아마도 모두가 그런 식으로 생략된 채 왔는지 제가 봐도 저분은 아니다 싶은 분이 몇 분 눈에 띄었습니다. 젊고 키 작은 분 한분을 제외하고는 다 사람을 사고파는 인간시장처럼 별 사람이 다 있었습니다.

늙고 꼬부라진 할머니…. 당뇨병이 심해 거동조차도 불편하여 자기 관리도 힘들어 헉헉대는 만삭의 시골노인도 있었습니다. 근무자가 16명인데 여기모인 사람이 16명인걸 보면 아마 이분들도 그대로 채용되었나 봅니다.

이렇게 면접이 형식적으로 이루어지면 애를 먹는 건 반장이요 힘든 건 그분들과 함께 일하는 동료들이라는 걸 사무실은 못 느끼나 봅니다. 일은 뒤에서 시키니까 어쩔 수 없이 하지만 손발이 안 맞아 능률도 오르지 않고 따라오지 못하니까 일에 지장도 많아 함께하는 동료들이 받아들여지기 힘들어 불만 불평이 쌓이고 급기야는 사람을 바꾸지 않으면 다른 사람이 나간다니까 인원 교체가 될 수밖에 없었습니다.

조금만 더 관심을 가지고 살펴보면 이런 불상사는 일어나지 않는데 여전히 면접의 사각지대…. 지금도 어느 아파트든지 가보면 그렇습니다. 그리하여 세 번째 들여간 아파트에서는 소장님의 허락을 받고 제가 면접을 보고 이미 본사에서 채용한 두 분을 도로 내보냈습니다. 네 번째 직장에서는 소장이나 과장, 인사도 없이 무뚝뚝한 70대 여반장의 허락만 받았습니다.

같은 계통인데 여기라고 하자가 없는 것은 아니었습니다.

외곽 미화원 네 사람 중에 지하 주차장을 담당하는 한분을 빼고는 나머지 세 사람은 맡은 구역만 다를 뿐 같이 밥 먹고 같이 쉬는데 자기들끼리 둘이서는 말을 해도 저는 인사도 받아주지 않았습니다.

나이 많은 어른도 아니고 60을 갓 넘은 분들이 70대 노인네가 끝날 무렵 수고했다 먼저 인사를 건네는 네도 대꾸 한마디가 없었습니다. 이런 초상집 같은 분위기가 한 달간 계속되자 먼저 사람도 더 이상 머무를 수가 없어 떠났다더니 그게 사실이었습니다.

늘 업무에 시달리고 스트레스에 시달리고 직장은 분위기가 좋아야 일할 맛이 나는 법인데 아파트마다 제대로 된 아파트가 없다보니 나가고 또 들어오고 사람 구하는데 애를 먹는다고 봅니다. 여기도 엄연한 직장입니다. 정식으로 면접을 보면 앞으로 직장 내 분위기는 한층 더 좋을 거라 봅니다.

여기 오기 전 다른 3단지에서도 면접을 봤습니다. 면접을 보는 부장님께서 어떤 분한테 어떤 말을 들었는지 죄송하다는 문자가 왔습니다. 다른 분을 팀장으로 쓰게 되었다는 건데 한 달반이 되도록 미화원들을 통제 못해 엉망이라 어쩔 수 없이 팀장 교체를 해야겠는데 와달라는 겁니다. 부장님의 오만에 질서가 무너져 가니까 초대를 한 겁니다.

면접 절대 소홀이 여겨서는 안 됩니다. 때로는 형식도 중요하기 때문에 원칙에 따라 치룰 일은 치루고 거칠 일은 거쳐야 위계질서가 확립된다고 봅니다.

37. 주차장 관리

1960년대 초 제가 초등학교를 다닐 때 듣기로는 미국사람들은 각 식구마다 자동차가 한 대씩 있다는 말을 들었습니다. 지금 우리나라가 그 때를 겪고 있습니다. 지금은 마이카(My car) 시대라 어떤 가정이든지 자동차가 없는 집이 거의 없습니다.

부산을 가도 서울을 가도 어느 도시를 가건 자동차가 즐비합니다. 도시보다는 생활수준이 떨어진다는 농어촌 어디에도 자동차 한 대쯤은 기본입니다. 이쯤 되다보니 자동차가 내뿜는 매연 환경오염보다도 더 시급하게 해결해야 할 주차난이 되었습니다.

이를 해결하기 위해 주택법이 강화되어 최근에는 가구당 한 대 반꼴로 주차장이 마련되어야 만 건축 허가를 내주기에 이르렀습니다. 입주민은 많은데 주차장은 턱없이 부족해 내린 조치입니다. 이제 아파트가 천 세대라고 가정하면 자동차는 천오백 대 정도는 세울 수 있어야 합니다.

세종시에 지상은 아무리 넓어도 주차공간이 없습니다. 지상은 어린이 놀이 시설이나 경로당 쉼터 등 주민 편의를 위한 문화공간이 갖추어져 있습니다. 거기다가 정부가 원하는 만큼 녹지공간이 필요하다 보니 자동차는 어쩔 수 없이 지하로 내려갈 수밖에 없습니다.

요즈음 새로 짓는 아파트는 설계 초기단계에서부터 이점을 고려해 지상에는 아예 자동차 한 대 맘대로 세우지 못하는 곳도 생겨나게 되어 있습니다.

즉, 전체면적의 절반에 가까운 40프로가 녹지공간이라 이를 확보한 상태에서 아파트를 짓다보니 많은 면적이 필요한 지상 주차장은 없을 수밖에 없는 겁니다. 최소한 아파트 단지가 20만평이면 주차장도 20만 평 이상입니다.

규모가 얼마나 큰지 실지 지하주차장을 들어 가보면 이 끝에서 저 끝이 안보일 정도로 큽니다. 처음 아파트에 들어오는 사람은 어디가 어딘지 자기가 찾고자 하는 아파트 동. 호수를 찾지 못해 헤매는 사람도 있습니다. 착각을 불러일으킬 수 있기 때문에 아파트에서는 기둥마다 번호가 매겨져 있어 그걸 기억해야 헷갈리지 않을 겁니다.

지금 아파트는 화재 발생 시 옆 건물로 옮겨 붙는 것을 막기 위해 동과 동사이의 거리가 50m쯤 떨어져 있습니다. 닭장처럼 위로만 지을 수 있기 때문입니다. 그러나 주차하는 자동차는 겹겹이 쌓을 수가 없이 그대로 바닥에 세워 놓다 보니 엄청난 면적이 요구되어 그렇습니다.

저녁 퇴근 후 질서 있게 쭉 서있는 자동차를 바라보면 아주 멋지고 근사합니다. 눈비를 맞을 염려도 없고 타고 내리는데 아무런 지장도 받지 않습니다.

이런 여러 가지 편리함 때문에 젊은 사람들은 될 수 있는 한 아파트를 선호하지만 내면을 살펴보면 아파트 지하 주차장은 그렇게 좋은 곳은 아닙니다. 요소요소마다 감시카메라가 눈을 부릅뜨고 바라보고 있는데 무슨 일이 있을까 염려가 돼서 하는 말이 아닙니다.

불은 낮이나 밤이나 환하게 밝혀져 사건 사고가 일어날 개연성은 전혀 없습니다. 그러나 지하 주차장을 청소했던 저는 압니다. 거긴 사용자 모두를 깜짝 놀라게 하는 무서운 매연과 미세먼지 등이 가득한 곳입니다. 주차장의 공기는 살인 병기입니다.

잠시 잠깐 자동차를 타고 내리는 주민은 알 턱이 없습니다. 아예 상주해 살다시피 지하주차장을 청소하는 우리 같은 미화원만이 아는 사실입니다.

저는 여기서 일을 하다 폐렴이 걸려 큰 곤욕을 치른 사람입니다. 환기구가 많으면 바깥 공기가 유입되어 어느 정도 자체 정화가 되겠으나 지상과 지하를 오르내리는 바깥 비상계단에 따로 마련된 환기구는 몇 개 되지 않습니다.

날마다 집안 청소를 하는 가정에서도 한 달이면 청소기 먼지 통을 두세 번은 털어내는데 지하 주차장은 기껏해야 봄철과 여름, 명절 때와 한겨울 잘해야 너댓번 물청소를 할뿐 그 외는 쓰레기나 줍고 유출된 기름만 제거 할뿐 날마다 집처럼 쓸고 닦지는 않습니다.

늘 붕붕 떠다니고 자동차가 들어오고 나갈 때마다 가라앉은 오염물질 만도 그때 일어나 우리가 배로 호흡하며 마시게 되는 겁니다. 이로 인해 각종 질병이 나타나도 원인을 찾을 수가 없어 이런 불미스런 일은 언제나 발생할 수 있는 여지가 있습니다.

우리가 먹는 음식물은 단 1퍼센트만 나빠도 생난리를 치면서 왜 우리가 마시는 공기는 소홀히 생각하는지 이해가 안 되는 겁니다. 당해본 사람은 압니다. 이는 심각한 문제입니다.

제가 살고 있는 아파트는 어쩌면 세종시에서는 가장 적은 아파트일지 모릅니다. 약 400여 세대 주민이 살고 있지만 금년에 물청소기계를 도입해 운영하고 있습니다. 환기구를 통해 들어오는 햇빛에 뿌옇게 보이던 먼지가 사라졌습니다. 암적 존재 주범들이 사라진 겁니다.

소장님의 제안으로 동 대표들이 수없이 생각하다 돈보다는 건강을 생각하여 기계를 사들이기로 한 것 같습니다. 제가 처음 입사한 아파트에서도 불과 600여세 대에 지나지 않지만 이런 청소기계를 구입해 돌렸습니다. 1,700만 원짜리 대용량입니다. 그들은 고스란히 주민부담으로 돌아가 관리비가 많아지겠지만 가구당 1,300원 정도를 일 년만 납부하면 해결할 수가 있어 무리는 아니라고 봅니다. 임대 아파트나 경제기반이 약한 사람은 반대할 수 있지만 이에 호응하고 찬성케 하는 게 소장의 지도력이라고 봅니다.

자립기반이 약해서가 아닙니다. 30평 40평, 50평…. 내 집 아파트에 사는 일반 주택에서도 이 좋은 기계 하나를 장만하지 못해 청소원만 족치고 쩔쩔매는 소장님도 있습니다. 지상에 흩날리는 쓰레기, 미관상 보기는 좋지 않아 아파트는 매일 하루 한두 차례 경비원까지 동원해 담배꽁초를 줍습니다.

그러나 불필요한 잡초나 풀은 직접적으로 인체에 해는 없습니다. 보이지 않는 것도 중요합니다. 세균은 눈에 보이지 않습니다. 서둘러 기계를 구입해 물청소를 해야 합니다. 얼마나 쾌적하고 깨끗한지 알겁니다. 이는 우리의 건강을 지키는 일입니다.

아파트를 관리하시는 소장님들과 각 동 대표님들! 잠깐의 문제가 아닙니다. 주차장을 오갈 때마다 조금씩 마시는 자동차의 매연에 미세먼지 오염물질이 누적되어 쌓이면 그게 큰 병이 되는 겁니다. 진정 주민을 위해서라면 참고해 보세요. 꼭!

38. 어떤 반장의 말

　오늘은 2018년 5월 15일입니다. 날짜를 가리키는 달력에는 오늘이 스승의 날이라고 적혀 있지만 오늘은 공교롭게도 제가 일전에 알던 아파트에서 한 달 만에 나온 지 보름째 되는 날입니다. 항상 아침마다 차를 타고 출근했던 먼 거리에 비해 그저 멀지 않는 곳에 직장이 있어 집에서 걸어 다닐 수 있기 때문에 저는 전에 저를 미화반장으로 써 주었던 모 업체의 인사과장님으로부터 전화를 받고 두말없이 무조건 '예' 하고 '내일부터 출근하겠습니다.' 하고 나간 곳입니다.

　늘 마음으로 직장이 집 가까이 있었으면 하던 차라 마음먹기는 저를 고용한 이 회사에서 '이제 그만 나오시고 어르신 집에서 쉬세요~.' 할 때까지 여길 다닐 작정이었는데 여기도 와보니 일이 만만치가 않았습니다.

　아침마다 출근해보면 제가 맡은 아파트 여섯 개동 600여 세대에 나오는 생활 쓰레기양은 보기만 해도 가위가 눌릴 정도로 어마어마하니 재활용장 안을 꽉꽉 채우고도 넘쳐 났습니다.

　더군다나 제가 맡은 구역의 그중에 절반은 세입자가 들어 살아가는 형편이라 기한이 되면 나가야 하는 계약 조건 때문에 지은 지 3년이 지난 아파트지만 이 아파트는 신규 입주 아파트를 방불케 할 정도로 매일같이 이사 가고 오고 일이 정말 많았습니다.

　일이 얼마나 빡센지 제가 딱 한 달 동안 머무르는 동안 어느 땐가는 하루 점심 수저를 놓자마자 쉬지도 않고 일을 계속 했는데도 겨우겨우 일을 끝낼 수 있었던 적도 있었습니다. 너무 일이 많아 일주일쯤부터 팔목이 아파오기 시작해 몸도 불편한데 반장은 오던 날부터 저를 가르친다고 입도 뻥긋 못하게 했습니다.

"아저씨, 다른 데서는 어찌 되었건 여긴 여기요."

로마에 가면 로마법을 따르랬다며 덩치 큰 양반이 언성까지 높여가며 호되게 질책하는 바람에 저는 기가 눌렸습니다. 못할 말을 한 것도 아닌데 반장은 마치 당신께서 최종 결정권자처럼 더 들어볼 필요도 없이 딱 잘라 단호하게 말을 막아섰습니다. 저는 무섭고 살벌했습니다.

그 뒤에도 얼마 안 있어 일을 둘러보고 있기에 오전 아홉시 출근에 오후 4시 퇴근보다는 다른 아파트처럼 오전 여덟 시 반 출근해 오후 세시 반 퇴근이면 은행업무도 볼 수 있고 편리해서 일은 내내 똑같아 시간만 조정 할 수 없느냐고 물었더니 반장은 충분히 고려해 볼 여지가 있는데도 검토한번 하지 않은 채 잘못된 방식처럼 그 자리서 또다시 거부하며

"아저씨, 지난번에도 로마에 가면 로마법을 따르랬다고 했는데 자꾸 그런 소리를 하시나요?"

라며 또 다시 핀잔만 주었습니다. 무안만 당한 겁니다. 그런 분한테는 할 말이 없는 겁니다. 하던 일을 계속하기 위해 전임자가 사용하던 방식이 불편해 지저분하게 여기저기 포대를 묶어 두기 위해 늘어뜨렸던 끈을 모두 제거하고 편리하게 걸이를 만들어 단번에 걸고 내리고 할 수 있도록 개선작업에만 전념하면서

"좀 불편해서 고치려고요…."

하자 반장은 지나가던 경비원의 말대로

'그거 참 좋은 생각이네요. 역시 경험자라 노하우가 있으시네요.'

하고 위로와 격려가 있을 줄 알았는데 반장은 본시 태도가 그런지 말을 해도

"그건 아저씨가 하려면 하고 말려면 말고 알아서 하셔야지 내가 이러쿵저러쿵 이래라 저래라 말할 수 없어요!"

라고 퉁명스럽게 말을 했습니다. 외곽 미화원 두 사내도 좋게 받아주면 좋겠는데 자기들끼리는 주고받고 말도 잘 하면서 저에게는 환영 인사는커녕 오히려 제가 먼저 아침마다 안녕하십니까. 인사를 해도 들은 척 만 척 대꾸도 없고 일과 후

"수고들 많았습니다."

하는데도 눈길 한번 주지 않았습니다. 저는 그것도 마음에 들지 않은 겁니다. 대중 속에 고독이라는 말처럼 동료 미화원이 열일곱 명이나 되었지만 저는 항상 외롭고 쓸쓸하고 고독했습니다. 사람이 이렇게도 살아가야 하는 회의와 의구심이 다 들었습니다. 있을 수가 없어 결국 퇴사를 결심했습니다.

로마에 가면 로마법을 따르라….

틀린 말은 아니지만 꼭 맞는 말도 아닙니다. 지금은 2018년입니다. 과거 로마제국이 전 유럽은 물론 중동 여러 나라 국가까지도 휩쓸었을 때 통치차원에서 한 말인 줄 압니다.

2000년 전 강국 로마 제국은 이스라엘 까지도 로마의 주권 하에 지배를 받던 시대였습니다. 근대사에 이름을 날렸던 해가지지 않는 나라 그 대영제국과도 유사했었습니다.

지금 영국령은 거의가 독립했고 얼마 남지 않았습니다. 당시 영국은

영국국기가 해가 저물어 국기를 내려도 또 다른 영국령에서는 중천에 떠있는 해를 얼마든지 볼 수 있어 붙여진 말입니다.

지금 시대는 변했습니다. 로마도 당시의 로마가 아닙니다. 반장의 말대로라면 우리나라의 최고 통수권자는 대통령입니다. 그런 지휘를 가진 자가 둘이 있을 수 없습니다.

그러나 2016년 교황 바오로 2세가 우리나라를 방문했을 때 그를 우리나라의 한 국민으로 취급하지 아니했습니다. 교황의 예우를 갖추어 주었습니다. 각 나라마다 국내법이 따로 있고 외교 전례상 국제법이 존재하기 때문에 그렇습니다.

말은 시대상황에 맞아야 이해가 되는 겁니다. 설령 다르다해도 그것이 좋으면 도입할 필요도 있는 겁니다. 무조건 전례를 들어 무시하는 건 무지입니다. 소위 미화반장은 이 부분에 대하여 최고 위치에 있는 지도자입니다. 그도 남의 휘하에 있는 몸. 자기 관내에서 일어나는 모든 일은 민주적 절차에 의해 윗선인 관리소장한테 보고하고 또 지시를 따라야 하는 게 계급사회에 법치주의 원칙일겁니다.

독단적으로 처신하는 것은 월권인겁니다. 반장은 이 조직에 중재자입니다. 사무실과 우리 사이에서 중재자로써 서로 피해가 가지 않도록 신중에 신중을 기하고 조심조심 또 조심 동료들이 상처받고 이탈되지 않도록 다독여야 하는 책임도 있는 겁니다.

지도력을 보여줄 때 존경받고 사랑받는다고 보는 겁니다. 저는 그런 독단적인 반장의 반응도 두렵고 싫어서 사표를 던질 때 소장님과 과장님께만 말씀을 올렸었습니다.

그 말을 들은 반장은 못내 서운했는지 제가 소장과 과장을 상대했다는 이유로 강석관씨는 높은 사람만 상대하는 모양이라고 비아냥 거렸다지만 개의치 아니했습니다. 그때 소장님과 과장님은 전혀 뜻밖이라는 듯 놀라며 무척 아쉬워했습니다.

"그럼 어서 빨리 치료하시고 손목이 나으면 연락 주세요."

제가 이곳이 아니더라도 다른 곳이라도 보내 드리겠다고 약속까지 하셨습니다. 그 은혜가 고마워 스승의 날에 즈음하여 이글을 쓰면서 우리 반장님도 학생들을 지도하는 선생님의 입장에서 우리를 지도하면 얼마나 좋을까 하는 생각도 해봤습니다.

39. 도시의 노인정

　1970년대…. 우리나라에 처음으로 경부고속도로가 개통되고 시골 촌구석까지 전기가 들어오면서 엄청난 변화가 일어났습니다. 그렇게도 멀게만 느껴지던 서울과 부산 등 전국이 일일 생활권에 들어갔습니다. 상당히 차이를 보이던 도농간 문화의 차이도 현격하게 줄어들게 되었습니다.
　워낙 외진 오지를 제외하고는 불 때서 밥하는 집도 사라지게 되었습니다. 부엌이 입식으로 바뀌면서 전기밥솥에 가스레인지, 냉장고, 세탁기, 선풍기와 에어컨, TV, 자동차까지 생활전반이 다 현대식으로 편리하게 바뀌게 되었습니다. 한마디로 삶의 질이 빠른 속도로 개선되어 살기가 좋아졌지만 상대적으로 지금 농촌에는 젊은이가 고갈되고 없습니다.
　농사를 아무리 잘 지어도 수지타산이 잘 맞지 않기 때문에 오늘을 사는 똑똑한 현대인들에게 시골은 로망이 아니라 패망으로 가는 지름길이라는 인식 때문에 젊은이는 없고 농촌엔 나이 먹는 노인들만 남게 된 것입니다.
　지금 시골 농촌에는 자식세대가 없습니다. 따라서 어린이는 구경조차 힘들 지경입니다. 이따금 TV를 통해서 보다시피 어떤 마을은 70노인이 가장 나이가 어리다고 합니다. 제 어린 시절만 해도 70대 노인은 할아버지였습니다.

두루마기, 바지, 저고리에 곰방대를 입에 물고 에~헴 하며 뒷짐 지고 골목에 나타나면 진짜 어른처럼 모셨었는데 지금은 노인 회관에 가면 나이가 가장 어린 막내로 심부름만 한다는 겁니다. 이렇듯이 노인이 많은 이유는 자꾸만 고령화 사회로 가다보니 일어나는 현상입니다.

요즈음 흔히들 말하기를 70은 청년이요 90은 되어야 어른 대접을 받는다고 합니다. 적어도 90은 되어야 진정한 노인 소리를 듣다보니 고령화 사회가 된 것만은 틀림없는 것 같습니다.

그러나 이런 추세에도 세종시에는 노인이 없습니다. 세종시 전체인구의 평균연령이 36세랍니다. 젊은이들이 주류를 이루다 보니 아무리 거리를 걸어도 노인은 잘 눈에 띄지 않습니다.

배부른 임산부들만 쉽게 발견 할 수 있습니다. 그렇다보니 전국단위 출산율이 주부 당 1~5명으로 가장 높은 수치라고 합니다. 제가 사는 아파트도 그렇습니다.

세종시 치고는 규모가 아주 작은 424세대 약 1,500명의 입주민이 살고 있습니다. 이정도 규모라면 인구 밀도로 계산할 때 행정상 일개 면에 해당합니다. 동네로 치면 한 6개 마을은 족히 될 겁니다.

현 상황을 그대로 시골로 옮겨보니 노인층은 적어도 한 백오십 명은 될 겁니다. 그러나 2015년 12월 1일 처음 저희 아파트가 생긴 이래 지금까지 주민등록상 실제 아파트에 거주하는 노인은 현재까지 20명을 넘지 못했답니다.

회관은 마련되어 있는데 운영에 필요한 정적 수를 채우지 못해 한동안 문을 열었다 닫기를 여러 차례 반복하다 어렵사리 다시 문을 열었지만 그 중에 가장 나이 많으신 91세 할머니와 84세 할아버지는 거둥이 불편해 빠지고 실제 참석하는 인원은 4~5명에 불과하지만 잘 모여지지 않는 이유가 있습니다. 특별히 재미 붙일만한 취미가 없는 겁니다.

　서로 다른 객지에서 이사와 잘 모르는 처지에다 그저 친해보자고 말을 이어갈 스토리가 별로 없다는 것입니다. 날마다 허구한 날 고스톱에 윷놀이는 싫증을 느끼기에 충분합니다.

　서로 서먹서먹하고 자유롭지 못한 상태가 부담을 키우다 보니 거리를 두고 소통부재에 외롭고 쓸쓸함이 더해져 노인정을 기피하는 원인이 되어 버린 겁니다. 서로 고독한 생활. 그래서 나이 먹는 노인들에게 도시의 아파트 생활은 맞지 않는 겁니다. 반면에 시골은 눈뜨고 만나는 사람은 다 아는 사람입니다.

　말이 막힐 수가 없어 아침인사가 시작되면 이웃집 안부로 시작해서 동네전체를 놓고 석달 열흘을 쉬지 않고 말을 해도 대화는 계속 이어 질 수 있습니다. 만나는 게 또래요, 이웃입니다.

　지금 세종시 제 1생활권에 아파트 단지만 50개가 넘습니다. 따라서 노인정도 50군데가 넘지만 실제 운영되는 곳은 대단위 아파트뿐이라고 봐야 할 겁니다.

　정부에서 여러 가지 지원도 많습니다. 쌀값에 부식비, 전기세, 물세, 일 년에 한두 번 치르는 행사에 보조금까지 혜택도 많지만 노인정은 답답하기만 합니다. 저도 금년 나이 70입니다. 노인에 해당하지만 노인정에 가지 않습니다.

　저의 아버지가 97세요, 어머니가 95세로 생존해 계시고 부모님도 아직도 텃밭에서 일을 하시는데 자식 된 제가 노인정에 갈 수 없어 날마다 아파트 청소 일을 하는 미화원 노릇을 하고 있습니다. 관리실 직원과 경비 미화원과 주민 만나고 부딪히다 보면 심심할 겨를이 없습니다. 적당히 일하고 일한만큼 보수도 따르다보니 노인정보다는 여기에 더 관심이 많은 겁니다.

40. 공짜에 대한 집착

어느 날인가 제가 근무하는 아파트에 미화원 한사람이 들어왔습니다. 일곱 명중에 한사람인 그분은 인맥을 통하지 않고 주간신문에 나 있는 구인광고를 보고서 들어온 분입니다. 그분의 본래 본적지 고향은 경상도이지만 조치원 읍내로 이사 온 지 얼마 안됐다고 이곳 지리를 잘 모르는 분입니다.

통상 관리소에는 관리소장님 이하 직원들이 상주해 있지만 입주 초기부터 미화원들 채용에 관한 면접만큼은 실무자인 반장인 저에게 일임하여 저한테 전화가 온 겁니다.

버스를 타고 주변에서 내려 사람들에게 물어 보았으면 훨씬 쉬웠을 텐데 직접 운전을 하고 왔습니다. 차는 남편 차였는지 여자들은 선호하지 않는 뒤에 짐칸이 달린 큰 중고차였습니다. 내비게이션조차 장착되지 않아 직장을 코앞에 두고서 엉뚱한 곳을 두루 헤매고 있었습니다.

"지금 계신 곳이 어디세요? 모르시면 주변에 어떤 건물이 눈에 띄시나요? 그래도 모르시면 운전 중 신호에 걸렸을 때 안내표시판 있지요? 그 이정표에 뭐라고 쓰여 있나요?"

여러 차례 이렇게 묻고 또 알려주고 출근시간 30분이 넘도록 통화만 계속하다 그분께서 유일하게 세종시 첫 마을 옆에 있는 마트는 안다는 바람에 번거롭지만 제가 그곳에서 뵙기로 하고 가서 어렵게 모시고 온 분입니다.

그분은 한 삼일 이상을 그렇게 기호에 맞지 않는 큰 차를 몰고 오더니 출근 5일째가 되던 날 본인차라면서 검은색 승용차를 몰고 왔습니다. 우리나라는 아직까지 부부사이에 각각 따로 따로 차가 있는 사람은 흔치 않습니다.

살만한데도 60대 초반에 놀 수는 없고 심심풀이로 청소나 하러 나왔다고 생각했는데 그분은 며칠 후부터 재활용장에서 입주민이 쓰다버린 5단짜리 녹슨 철제 그릇 선반을 주어다 놓고는 저한테 자기 차에 실어 달라고 도움을 청했습니다.

그때만 해도 절약 정신이 투철한 요즈음 보기 드문 알뜰한 살림꾼이라고 주의 깊게 바라봤습니다. 하지만 그 뒤에도 계속해서 물건들을 주어 날랐습니다. 이제 입주가 시작된 신규아파트라서 이런 물건들은 매일같이 쏟아져 나오니까 그제도 가져갔는데 어제도 가져가고 또 오늘도 가져가고 청소는 뒷전이었습니다.

어떻게 보면 살림꾼 같습니다. 한 푼이라도 벌어 보겠다고 고물들을 모았다가 어느 정도 일정양이 차면 그걸 고물상에 파는 것 같았습니다.

우리 일과시간은 아침 8시 30분입니다. 여덟시에만 도착해도 얼마든지 옷을 갈아입고 여유 있게 차 한 잔 걸치고서 일을 해도 충분한데 그분은 평소보다 일찍 나왔습니다. 어느 날 제가 갑자기 조퇴할 일이 있어 한 시간 훨씬 전에 나와 일을 하는데 그분은 언제 나왔는지 벌써 2권역에 있는 재활용 분리 배출장 열 군데를 다 뒤져보고 내려오는 길이었습니다. 계단에서 내려오다 저와 마주쳐 알게 된 겁니다.

저도 한때는 엄청난 도움도 안 되는데 세간살이가 부족해 극성스럽게 쓸 만한 물건들을 주어 날랐었지만 이분처럼 유난스럽게 직업처럼 삼지는 아니했습니다. 이분은 도가 지나쳤습니다.

여긴 이분의 직장이요, 본업에 충실해야 하지만 일은 하는지 마는지 시늉만 내고는 민원이 들어오는데도 아파트 단지 내에서는 누가 누군지 전혀 알 턱이 없으니까 동료들 눈에만 띄지 않으면 정신없이 고물을 주어다 날랐습니다. 집착이 얼마나 심한지 신규아파트 청소하는 일도 힘들어 손목이 아프다고 늘상 손목에 파스와 붕대를 감고 일하면서도 물건 줍는 재미에 빠져 그 일을 계속하는 겁니다.

정말 차는 굴려도 살림이 궁색한 건지 보기가 딱해 여러 곳을 전전한 발 넓은 조장님이 아는 사람을 통해 일이 좀 수월한 곳을 알선해 주었는데도 여기에 도취되어 그 자리를 떠나지 못하는 겁니다.

그리고는 차량 뒤 트렁크에 하나 가득 찰 수 있는 박스하나에 꽉꽉 채워 고물상에 내다 판적이 있었습니다. 그때만 해도 적어도 돈 10만원은 되리라 마음이 들떠 있었는데 받은 금액은 고작 15,000원이었습니다. 실망이 컸습니다.

그 후부터 다시는 고물에 손대지 아니했습니다. 차라리 하루 일하는 게 낫겠다 싶어 아파트 청소 일을 하게 된 계기가 되었습니다. 남이 쓰다 버린 물건 줍는 것 실상 따져보면 몇 푼 되지 않습니다. 그러나 쓸 수 있는 물건도 얼마나 안가 고장 나고 버릴 때는 그냥 내다 버릴 수 없습니다.

철저히 분리배출 해야 되기 때문에 작은 것은 2,000원, 웬만하면 3,000원 마트에 가서 생돈 들여 스티커를 사다 붙이지 않고 몰래 버리면 순찰 도는 경비원이 사무실에 보고하면 도처에 설치된 감시카메라를 돌려보고 집 밖을 나가는 순간부터 낱낱이 찍혀있기 때문에 여지없이 들통 나고 맙니다.

관리실 직원이 찾아올 때는 변명의 여지가 없습니다. 부끄럽고 창피해도 예, 그저 죄송합니다. 두 손 싹싹 빌어야 합니다. 이 여자 분은 아직 그런 문턱을 경험하지 못해 계속하다 결국 관리소 눈 밖에 나 그곳에서 근무한지 5개월 만에 밀려나고 말았답니다.

이런 기회에 자기 자신을 한번쯤 돌아보고 마음을 바꿔야 할 텐데 그분은 아직도 경을 다스리지 못해 힘들다 하면서도 또다시 신규입주아파트를 찾다 들어갔다 했습니다. 습관을 버리지 못하는 것입니다.

우리가 볼 때 이분은 병입니다. 정신과 치료가 필요한 환자입니다. 꼭 우리 일반인들이 알고 있는 것처럼 완전히 머리가 돌은 미친 사람처럼 정신이 가야만이 정신과 질환자라고 볼 수는 없습니다.

일반인들이 생각하는 수준을 넘어서 지나치면 그게 잘못된 것이요, 정신과 전문의의 진단을 받아봐야 하는 겁니다. 우리나라는 이런 집착 강박 증상을 앓고 있는 사회적 환자가 3년 동안 약 40명쯤이 재발한다는 통계도 있습니다.

본인이 모르는 건 아닙니다. 이야기를 해보면 멀쩡합니다. 이상 있다고 볼 수 없을 정도로 인터뷰하는 사람 앞에 부끄러워하기도 합니다. 설득이 먹혀들어 사회 봉사단원들이 수십 명씩 동원되어 집안을 다 치우고 말끔하게 정리를 해주어도 그 버릇을 고치지 못해 또다시 1년도 안 돼 원점으로 돌아간다고 사회적 문제로까지 대두되는 겁니다.

쇠는 녹슬고 비닐은 날아다닙니다. 플라스틱은 햇볕에 삭아 인체를 해롭게 합니다. 위생상에도 좋지 않다는데 이분은 당뇨약과 혈압약도 복용하는데 걱정이 아닐 수 없습니다.

41. 쓰러진 경비원

　지난 금요일 오후였습니다. 휴대폰으로 전화가 한통 걸려왔습니다. 전화를 걸은 사람은 제 소개로 인해 저와 함께 근무하던 경비원 친구 부인으로써 일 년 넘게 데이트를 하다 지난 5월 12일 재혼에 성공한 여자분 이었습니다.
　"집사님 퇴근했지요?"
　"예."
　"그럼 지금 빨리 경비실 우리 창호 씨한테 좀 가봐."
　나이는 저보다 어리지만 그 부인은 항상 친구처럼 지내서 그런지 그렇게 말하는 사람입니다.
　"지금 내가 대전에서 연수차 멀리 경기도 용인에 와 있는데 우리 창호 씨가 어지러워 쓰러질 것 같대. 근무를 못 하겠다 하니 병원 좀 가줘요."
　저는 불현 듯 불길한 예감이 들었습니다. 이 친구는 일주일 전에도 경비 근무 중 갑자기 쓰러져 구급차에 실려 응급실을 찾았던 친구입니다. 체격도 좋고 직장에 잘 적응해 왔는데 병원을 찾았을 당시 원인을 밝혀 내지 못한 증상이 다시 재발한 것 같았습니다. 서둘러 여름철 환기를 시키기 위해 방마다 열어 놓았던 창문들을 급히 닫고 한걸음에 그 친구가 근무하는 아파트로 달려갔습니다.
　그때 시간은 오후 여섯시 사십분 부인 말대로 동네 병원은 이미 문을 닫거나 마감 중 일 테고 혹시 하는 무서운 생각에 응급실이 마련된 대전을 가기로 했습니다. 도착해보니 이 친구는 벌써 퇴근한 경비반장을 호출해 대타로 경비를 세워놓은 상태였습니다. 우린 곧장 대전으로 갔습니다. 진료는 기다려야 했습니다.

늦은 저녁이라 동네 병원들은 모두가 문 닫은 상태라 그 후 밤에 생긴 환자분들이 한곳으로만 몰리다보니 만원사례가 되어 접수를 하고서도 대기실에서 한참을 기다려야 했습니다. 순번이 다가와 응급실에 들어가서도 우리보다도 더 급한 환자 때문에 또 한 번 더 기다렸었습니다.

압축기에 왼손 등을 눌러 공처럼 부풀어 오른 부여에 사시는 시골 할머니는 다행이도 뼈에는 이상이 없는지 다섯 손가락을 모두 꼼작거렸습니다. 침대에 누인 채 구급차에 실려 온 어떤 할아버지는 이미 때가 다 된 것처럼 뼈만 앙상하게 남은 채 산소 호흡기에 의존해 어디론가 모셔졌고 복수가 찾는지 누워있어도 배가 남산만 해 숨을 헐떡이는 환자는 여러 명의 의사가 붙어 응급처치를 한 후에야 편안히 누워있었습니다. 이런 위급한 환자분들 때문에 우린 밀리고 밀려 10시가 돼서야 의사들이 왔습니다.

"환자분~ 어디가 어떠세요? 자~ 목에 힘을 빼시고 고개를 돌려 보세요. 잘~ 하셨습니다. 지금부터는 제 손가락이 움직이는 방향을 따라 눈동자를 움직여 보세요."

왼쪽으로 오른쪽으로 위로 아래로 묻고 기록하고 뉘였다 일으켜 세워보고 의사선생님은 말했습니다. 대게 속이 메스껍고 넘어 올 것 같은 구토증상이 나타나면 나이 드신 분들은 뇌졸중을 의심해 볼 수도 있는데 일주일전 오셨을 때 MRI와 CT에도 이상은 없었습니다.

"혈압이 190을 넘고 30대 후반부터 당뇨증세로 앓아왔다면 당뇨 때문에 일시적으로 그럴 수 있습니다. 기운이 떨어지고 면역력이 약해지면 그런 분들도 있습니다. 그러나 현재로써는 이석 같습니다. 우리 몸 귀속에는 달팽이관이라는 게 있습니다. 그 안에 우리 몸의 수평도 잡아주는 돌기라는 게 있는데 이것이 움직여도 이런 현상은 나타납니다. 우선 이틀 분의 약을 드릴 테니 드시고 언제한번 전문가의 정확한 진단을 받아 보세요."

그 말에 그제야 한숨을 돌렸습니다. 친구를 부축해 나왔습니다. 주차장까지는 거리가 멀어 병원앞 신작로에 심겨진 가로수 까지 부축해 기대놓고는 차를 가져와 태웠습니다. 이 친구의 본집은 월평동이지만 오는 길에 도안동 부인의 집까지 배웅을 하고서 돌아왔습니다. 말로만 수 없이 듣고 가보지 못한 응급실(야간)한번쯤 구경하는 것도 도움이 될 것 같습니다.

사람이 살면서 평생 아프지 않고 건강하게 산다는 게 얼마나 좋은 건지 반드시 중간 중간 체크해볼 필요가 있었습니다. 예수님은 온 천하를 다 얻고서도 자기 목숨을 잃으면 무엇이 유익하리오. 천하보다 목숨이 중하지 않느냐고 말씀하셨습니다. 다 소용없다는 겁니다.

저도 이번 '체험 삶의 현장' 같은 병실에서 늘 몸이 약해 잔병치레가 많은 저를 위해 한번 정밀 검사를 받아야 되겠다는 생각에 밤잠을 설쳤습니다.

- 2018. 6. 1.

42. 나도 중매인

과거 복덕방이란 지금의 부동산 중개사를 말합니다. 매도자와 매수자를 연결하는 매개체입니다. 반드시 자격증 소지자라야만 떳떳하게 간판을 걸고 영업을 할 수 있습니다. 암암리에 땅을 사고팔고 하는 것은 불법입니다.

아파트 미화원으로 종사하는 저로써는 이도저도 상관없는 일이지만 성격이 달라서 그렇지 사실은 저도 그와 유사한 일은 몇 번인가 해본 경험이 있습니다. 직업상 앉은 자리에서 대중을 상대로 자영업을 오랫동안 하면서 찾아오는 손님 중에 괜찮은 사람이 있으면 조용히 알아봐 두었다가 그와 어울릴만한 상대자가 나타나면 중매를 하곤 했었습니다.

그렇게 연결, 연결해서 실제 짝을 이뤄 결혼에 성공한 커플이 여덟 명 네 쌍이나 된답니다.

결혼은 인륜지대사라 하는데 큰일은 한 겁니다. 그러나 쉽지는 않습니다. 옛말에 잘하면 쌀이 서 말이요, 못되면 뺨이 석 대라고 했듯이 일을 성사시키기 위해서는 여러 가지 술수도 필요합니다. 때로는 어우르기도 하고 떠밀기도 하고 이쪽저쪽을 왔다갔다 부동산처럼 중간 역할 하기가 여간 힘든 게 아니랍니다.

한 쌍, 두 쌍, 세 쌍, 네 쌍…. 다섯 번째는 요즈음 달라진 결혼 문화에 조건이 까다로워 약혼직전에 깨지기도 했습니다. 이 두 사람 말고 결혼에 성공한 네 쌍은 모두 잘살고 있다지만 아직까지 흔히 하는 말처럼 양복 한 벌 얻어 입은 일은 없습니다. 고맙다고 늦게나마 찾아온 부부도 없고, 한때 티격태격 갈등이 생길 때는 원망만 들었습니다.

은공은 알아야 하는데 어느 때 서운한 감정이 들기도 하지만 두고두고 큰 자랑거리는 돼서 그와 비슷한 얘기만 나오면 저도 빠질 수 없어 떠벌리기도 한답니다. 그러하다 장사에 여념이 없어 앞만 보고 살다가 육십 중반에서야 손을 놓았습니다. 한 사년의 공백기를 깨고 재작년 요양 끝에 아파트 미화원이 되었습니다.

아파트 미화원은 주민의 쾌적한 환경을 위해 청소만 할뿐이지 설제 경비들처럼 직접 주민들 상대하진 않습니다. 직접 마주치는 사람이라 해야 우리 아파트 관리소 직원들뿐입니다.

서로 각자가 맡은 업무와 담당 구역이 달라 서로는 한 직장에 있어도 얼굴을 마주 할 새는 거의 없습니다. 한 달에 한두 번 소방교육이나 안전 교육 때문에 소장님께서 회의를 주재할 때만 볼 수 있어 대화는 드뭅니다. 이런대로 가면 일 년이 지나도 그냥 그렇습니다. 항상 멋쩍고 서먹할 겁니다.

하지만 저는 쉽게 말을 트는 편이라 서너 번만 보면 곧 친구처럼 잘 지냅니다. 아파트 정문 경비원 창호 씨도 그렇게 입사한지 두 달 만에 친구가 되어 속 깊은 얘기까지 나누게 된 겁니다. 그는 건장한 체격에 근면 성실했습니다.

모 기업에서 중역으로 건설업에 종사 했다가 퇴직하여 이리로 왔답니다. 혼자 지낸지 10년. 남자나이 70. 아직 늙은이는 아닙니다. 능력도 있어 보여 저는 고심 끝에 저와 한동안 친구처럼 지내왔던 여자분 한분을 소개해 주었습니다.

성경은 사람이 홀로 독처 하는 것이 보기에 좋지 않다고 했습니다. 그분들은 그게 좋았던 모양입니다. 일주일 만에 저를 불러 식사를 했고 그분들은 그 뒤 서로 내왕하며 지내더니만 마음과 뜻이 통했는지 부부가 되어 동거를 하다가 지난 5월 16일 창호 씨의 칠순을 기념하며 아예 정식 결혼식을 올렸습니다.

재혼이라서 아주 가까운 몇몇 지인들만 초대하여 조촐하게 식도 올렸습니다. 근무지에서 볼 때나 가끔 식사자리에 초대하여 보면 늦게 배운 도둑질 날 새는 줄 모른다는 말처럼 사랑에 빠져 죽고 못 삽니다. 두 분은 아주 이상적입니다.

저는 정말 이분들 두 분만은 참 잘 엮었다 보람을 느낍니다. 이런 얘기를 하면 우리 미화반장님은 이렇게 얘기하셨습니다.

"아이고 반장님 그게 끝입니까? 저는요 한번 소개했다하면 100만원도 받고 최고 300만원도 받았어요. 요즈음 어디 그 일이 그리 쉬운 가요?"

부동산 중개 업무보다 실제 사람과 사람을 엮어주는 중매쟁이가 더 어렵다 합니다. 저도 그분들이 설령 사례를 한다 해도 다 받을 수 없습니다. 저도 그분들로 하여금 늦게 목회를 꿈꾸었던 아주 현숙한 여인을 만나 살고 있기 때문입니다.

이제 청소일 더 일할 힘이 없습니다. 내년쯤 미화원에서 손을 떼면 이런 외롭고 쓸쓸한 독거노인들을 위해 중매쟁이 노릇이나 할까 생각합니다.

값없이 공짜로 그냥 돕는 일. 혹시 정부의 지원이 있으면 돌봄 도우미가 없이도 일부 노인문제가 해결 될 텐데 말입니다. 착각이라면 취소할 작정입니다.

43. 아파트의 반찬가게

　출퇴근을 하는 직장인들은 아침 입맛이 없어도 간단하게나마 집에서 식사를 하지만 점심만큼은 어쩔 수 없이 밖에서 먹게 됩니다. 어떤 분은 도시락을 싸가지고 와서 끼리끼리 둘러 앉아 같이 먹기도 하고 외부에서 사먹기도 하지만 어떤 분들은 직장 내에서 해결하는 사람도 있습니다. 후자에 속하는 이런 사람들은 부인이 편할 겁니다.
　우리 미화원들은 대게가 다 관습에 따라 직장 내에서 직접 점심을 해결하지만 회사 규모가 커서 구내식당을 이용하는 건 아닙니다.
　직원이 다해야 관리실 6명에 경비실 4명, 미화원 8명 총 열 여덟 명이지만 서로 맡은바 분야가 달라 우리 미화원들만큼은 용역회사에서 지급 되는 쌀로 식사만큼은 집에서 가져온 반찬에 직접 따듯하게 지어 먹습니다.
　아파트 외곽 남자 두 사람에 여자 여섯, 총 여덟 명이 한 팀으로 구성되어 있습니다. 무엇보다도 보통 60이 넘은 나이 많은 사람들이 다 잔소리가 많아 점심때 모이면 장내는 항상 시끌벅적 소란스럽습니다.
　질리지도 않는지 별스럽지도 않은데 한 얘기를 또 하고 또 하고 얘기를 할 때마다 청소, 청소 얘기로 한 시간을 보내기도 한답니다. 이사람 저사람 각자가 두 가지씩만 반찬을 가져와도 총 열여섯 가지라 마치 뷔페집 같지만 각자 가져다 따로따로 먹지 않고 한상에 둘러 앉아 식사를 하다 보니 상다리가 부러지지만 날마다 새로운 반찬이 생길 수는 없습니다. 김치면 김치, 중복되는 것도 많지만 고기반찬은 없습니다. 항상 부실한 편입니다.

기껏해야 계란말이 정도 실제 구미가 당기는 것은 없습니다. 입맛 없는 여름. 일에 지치고 더위에 지치고 어느 때는 밥을 물 말아 풋고추에 된장을 찍어 먹는 게 전부였습니다.

서로 우애는 좋지만 누가 나 먹자고 죽을 끓이는 사람은 없기 때문입니다. 흔한 게 열무김치요 배추 겉절이 상추쌈인데 한 일주일 매일같이 먹으면 그것도 질릴 때도 있는 겁니다.

멸치조림, 번데기도 먹기 싫은데 어느 한날 미화반장께서 웬 국거리에 이것저것 반찬 몇 가지를 들고 왔습니다. 알고 보니 단지 내 상가에 반찬가게가 있는데 그 반찬가게 주인께서 주셨다는 겁니다.

그분들은 상가를 임대 내어 장사를 하시는 분들인데 두 달 전 전 미화원들이 일괄 사표를 내고 나가면서 그동안 상가는 우리가 모르고 상가를 청소를 하지 않았었는데 서로 해야 된다, 안 해도 된다 하면서 서로 티격태격 하다 보니 실은 우리가 해야 된다는 겁니다. 그 후 우리는 청소를 하면서 그분들과 차츰차츰 가까워지게 되어 반찬가게 주인은 먹고서 남은 것을 보내주게 된 겁니다.

그날 이후로도 주인 사장님은 매일같이 팔다 남은 음식들을 보내주셨습니다. 된장국에 미역국, 소고기죽, 뼈다귀 해장국까지 잘 먹고 있습니다. 냉장고는 있어도 가스레인지가 없어서 국을 끓여 먹지 못해 아쉬웠었는데 현실이 되어 날마다 생일상을 차리듯 한상가득 푸짐하게 먹습니다.

다른 아파트 미화원들이 상상하지 못하는 호사를 누리게 된 겁니다. 그제도 어제도 그리 먹었습니다. 오늘도 먹었기 때문에 정녕 모레는 그리 될 겁니다.

큰 복덩어리를 만나 우린 요즈음 반찬 걱정은 하지 않고 삽니다. 그러나 이런 일이 매일같이 반복되다 보니 이래도 장사가 되나 싶어 걱정이 되기도 합니다.

사장님 뵙기가 미안하여 남보다 일직 출근하시는 분들께서 사장님네 양파도 까주고 마늘도 까주고 감자도 벗겨주고 허드렛일을 도와주기도 하지만 며칠 전 유리창에 점포임대라는 문구가 적혀있는 것을 보고는 장사가 잘 안 되는 것 같아 가슴이 찡했습니다.

잘 돼야 할 텐데 안 돼서 떠난다면 우린들 좋을 게 없기 때문입니다. 아무래도 채 한 달이 못되어 문을 닫을 거 같은데 다시 또 그 자리에 반찬가게가 들어올는지 어느 분이 인수를 하더라도 우리와의 관계가 돈독했으면 합니다. 우리 미화원들은 애초부터 이런 기대는 없었기 때문에 다시 전처럼 도시락 반찬을 싸가지고 온다 해도 새삼 그립다고는 안 할 겁니다.

44. 우리 회장님

　물이 깊으면 고기도 많은 법이라는 말이 있습니다. 사람이 많이 사는 아파트에는 여러 가지 부대시설이 있습니다. 카페와 수영장 휘트니스 센터, 어린이집, 노인회관이 그것입니다. 제가 일하는 아파트 내에도 이런 주민 편의시설이 마련되어 있습니다. 아파트는 총 열한 동에 700여 세대 입주민은 2,000여명에 달합니다.

　이 정도의 인구밀도라면 시골로 봐서는 읍면 단위에 속한다고 볼 수가 있습니다. 여기에 사는 주민 중 활동량이 많은 젊은 사람들은 저마다 살기 위해 아침만 먹으면 각자의 직업을 따라 밖으로 나가지만 정작 삶의 일선에서 물러난 은퇴노인들은 특별히 어딜 지루해 갈 곳이 없습니다.

　외롭고 쓸쓸한 이런 노인들이 갈만한 장소는 아파트 내 노인 회관 밖에 없습니다. 노인은 만 65세가 되어야 만 가능하지만 지금의 65세 노인은 얼마나 건강한지 한참 젊은 청년이라 할 만큼 정정해서 그 나이에 고리타분하게 노인회관이나 들락날락 오갈 사람은 거의 없습니다. 그래도 노인 회관을 운영하려면 적정한 선이 있어 관리 사무소에서 회원가입을 독려하기 때문에 참여하는 사람들은 있습니다. 하지만 서로 잘 모르는 낯선 도시에서는 대충 넘어가는 시골처럼 검증이나 절차를 무시하고 회장이나 임원을 선출 할 수 없습니다. 그 사람 면면을 알 수 있는 학력이나 능력, 경력 등 인물에 대한 평가가 이루어져야하기 때문에 관리 사무소에서는 이것도 구내방송이나 게시물을 통해 알게 합니다.
 이런 복잡하고 까다로운 과정을 통해 노인 회관 회장님으로 확정 받는 다는 것은 영광일 겁니다. 노인 회장님은 아파트 단지 내 동 대표회의 회장님처럼 어떤 권한도 없습니다. 단순 명예직이지만 존경의 대상입니다. 더러는 목에 힘 께나 주고 거드름을 피울 수도 있습니다. 저는 다른 곳에서 그런 거만스러운 사람을 본적이 있었습니다.
 그런데 지금 제가 근무하는 우리 아파트 회장님은 전혀 다른 분이십니다. 두 달 반 전, 2018년 5월 1일 제가 이곳으로 들어오기 두 달 전에 젊은 시절 함께 일했던 직장후배 한사람을 이곳 아파트 미화원에 취직시킬 때 경비실에 들렀다가 우연히 그 자리에 들리신 노인회장님과 인사를 나누게 되었는데 그때 경비반장의 말씀으로는 현재 이 노인회장님께서는 과거 사회에 있을 때에는 이 나라의 정의 사회 구현을 실천하는 일선 경찰서 서장님으로 활약하셨다 합니다.
 막강한 지위에 좀 권위적으로 딱딱할 줄만 알았던 회장님은 우리의 생각과는 전혀 달리 언제나 부족하고 없이 사는 약자의 편이시라 했습니다.
 불의를 보면 못 참는 강직한 성품을 가지셨다 했습니다. 저같이 밑바닥 생활을 하는 사람에게는 의지하고 싶은 분입니다. 하지만 얼굴을 익히기 전에는 서로의 신분 차이만큼 거리가 멀기도 했었습니다. 쉽게 말을 트기가 어색했지만 등산을 좋아하시는 회장님을 단지 내 노상에서 자주 뵙다 보니 조금씩 사이가 좁혀졌습니다.
 퍽이나 소탈하셨습니다. 제가 하는 청소 일을 돕기도 하셨습니다. 자기가 가져온 자기 쓰레기 버리는데도 더러워서 썼던 장갑도 벗어 던져

버리는 주민도 있는데 여기 우리 회장님은 땀을 뻘뻘 흘리며 일하는 저를 보고는 맨손으로 달려들어 일을 거들어 줄때도 있었습니다. 고마운 일입니다.

이런 천한 직업을 가졌으니 그런 높으신 분을 무엇으로 보답하겠습니까? 궁리 끝에 제가 작년에 출간한 처녀작 수필집 〈뜨락에 이발사〉라는 책 한권을 선물해 드렸습니다. 그 이후부터는 바라보는 눈들이 달라졌습니다.

저는 우리나라 관직에 있는 분들이 우리 회장님처럼 태도가 달라졌으면 합니다. 이제 멀지않은 날 저도 이 바닥에서 손을 떼게 되면 노인정에 자주 갈 텐데 그 세계는 어떤지 경험하게 될 겁니다. 갈 곳 없어 방황하느니 남을 돕는 봉사하는 어른이 되고 싶습니다.

45. 구정 인사와 답례품

올해는 양력으로 해가 바뀐 지 꼭 한 달 반 만에 구정이 돌아왔습니다. 세배인사가 생각나 생각해보니 올해는 다른 해에 비해 연휴기간이 긴 편이라 웬만큼 바쁜 사람도 맘만 먹으면 친지나 이웃들에게 새해 인사정도는 나누고 지낼 수 있다고 봤습니다.

이렇다 할 스케줄도 없는 저도 이번 기회에 사람노릇 좀 하려고 인사를 나누어야 할 사람들에 숫자를 한번 헤아려 보고는 깜짝 놀랐습니다. 적은 수효가 아니었습니다. 그것은 제가 발이 넓어서가 아닙니다. 본시 저는 사회활동을 많이 한 사람이 아닙니다.

그냥 살면서 자연스럽게 알게 된 사람도 있지만 일 년에 직장을 다니다보니 그나마도 못 뵙고 연락이 끊어져 버린 분들도 많습니다. 결국 제 주변엔 몇 명의 친구와 우리 집안 형제들 밖에 없지만 하나하나 헤아려 보니 감당하기 힘든 수였습니다.

올해 제 나이 70입니다. 제가 아주 어렸을 때 돌아가신 우리 할아버지 형제분들은 여러분이셨습니다. 그 몸에서 지금까지 자손이 번성했으니 가히 그 수가 짐작 가고도 남을 겁니다. 아버지 사촌 되시는 당숙과 고모들은 생전에 딱 한번만 보고 지금까지 어디에 사는지 조차도 모르고 있습니다.

한 집안이 옹기종기 모여 살던 옛 시절 같으면 아침 일찍 서두르면 해가지기 전 세배인사도 끝나고 성묘도 마칠 수가 있었는데 지금은 각자 흩어져 살고 내왕도 잘 안되다 보니 알지도 못하고 인사도 할 수 없는 형편이 된 겁니다. 듣기로는 어디에 사시는 오촌 당숙이 90줄에 자녀가 다섯이요 손자 손녀가 열 명에 이른다고 하지만 생면부지(生面不知) 한 번도 만나보지 못한 육촌도 있어 참 인사하기가 곤란하게 되었습니다.

설령 거처를 안다 해도 그 많은 수를 다 찾아보고 인사를 나누기엔 설 연휴 사흘이 아니라 사십일 아예 휴가를 내도 모자랄 판이 되었습니다. 모처럼 그냥 갈 수도 없는 일. 다만 만 원짜리 선물 하나씩만 사서 들고 간다고 해도 최소한 백만 원 이상 거금을 지급해야 할 텐데, 이 돈이면 저의 한 달 월급에 해당하는 액수입니다. 겨우 빠듯하게 살아가는 제 형편에는 엄두가 나지 않아 결국 올해도 사람다운 도리를 다 못하고 계산만 하다 말았습니다.

어쩔 수 없이 졸장부 신세에 그냥 말 수는 없고 저는 늘 저와 함께 고생하는 우리 미화원들이나 챙기기로 마음먹고 연휴 하루전날 일과를 마치고 퇴근길에 그들에게 원청업체에서 보낸 작은 선물보따리에 지난 주 제가 부산 국제시장에서 구입한 양말 한 켤레씩을 돌렸습니다.

변변한 벌이가 많지 않은 이 바닥에서는 누구 한사람 천 원짜리 거저 주는 사람 없는 곳입니다. 남의 뒤치다꺼리나 하는 청소부들이라 거들떠보는 사람은 없습니다. 항상 멸시와 천대 우습게 보는 이곳엔 차 한 잔, 물 한 컵도 공손히 대접하는 이가 없습니다.

같은 동료끼리 양말 한 켤레는 정입니다. 그런데도 받는 입장에서 일부 어떤 분은 양말 색깔이 예쁘니 나쁘니 말도 많고 타박을 했습니다. 그런 와중에도 어떤 분은 따로 감사의 표시로 전화를 주기도 했습니다.

제일 먼저 입사한 성경순씨는 나이가 많아서 들은 것도 많은지 개인적으로 제 양말 한 켤레에 거친 손 트기 쉽다고 바르라며 핸드크림 까지 사서 주었습니다.

김저남씨는 제 약한 모습을 보고 걱정이 되었는지 건강을 부탁하기도 했습니다. 이분은 키가 작고 귀엽게 생긴 김선 씨와 함께 가락마을 어떤 아파트에서 지금의 우리 아파트로 이적해 오신 분이십니다.

살기는 서울서 살았지만 고향 전라도에서 잔뼈가 굵어서인지 고유의 사투리를 쓰지만 조장이란 임무를 잘 수행하여 오고 있습니다. 교회에서 권사님 직분을 맡으셔서 그런지 실수가 없도록 말을 가려서 하려고 노력하는 편입니다.

이 두 분은 각자 다른 사람들이지만 이분들은 앞서 밝힌 대로 성경에 예수님께 찾아온 환자와 같은 분들입니다. 이분들로 하여금 양말을 주면서도 들었던 씁쓸하고 서운한 감정이 사라졌습니다.

세상은 그러건 저러건 다 용납하고 이해하면 굳이 선물이 아니더라도 좋은 사람, 훌륭한 사람으로 남는 것을 깨달았습니다. 이런 마음으로 내년엔 약소하지만 또 다시 제 주변 이웃들에게 1,000원짜리 양말 한 켤레씩을 기필코 돌릴 예정입니다.

46. 내 집이 최고

제가 머물러 사는 아파트는 24평대 작은 아파트입니다. 부인이 어디에 있는지 잘 찾지 못하는 50평대 큰 아파트에 비하면 너무도 초라해 보이지만 이 정도 크기라면 저는 우리 두 내외 사는 데는 아무 지장 없을 것 같아 고심 끝에 마련한 아파트입니다.

그 마저도 저는 생활 형편이 넉넉지 못해 주머니에 가진 돈도 없고 해서 작은 오피스텔 하나 있었던 것을 담보로 은행에서 4천만 원의 대출 가지 받아 높은 이자를 물어가며 장만한 아파트라 부담도 되었습니다.

전에는 이런 부담 없이 전세를 살았습니다. 그런데 세종시가 날로 발전하고 전세 값이 치솟자 주인은 2년 만기 계약만료가 다가오자 갑자기 전세 9천만 원에서 9천만 원이 오른 합계 1억8천만 원으로 전세금을 확 올려 달라는 겁니다.

그 돈 낼 수 있으면 살고 없으면 집을 비우라는 뜻입니다. 그 얘기를 듣고 함께 일하는 직장동료들이 아저씨 그럴 바에야 차라리 이참에 아예 아파트 한 채를 사두라 했습니다. 저는 몇 날 며칠을 고민하다 고심 끝에 그리하기로 맘먹고 지금에 이 아파트를 구매하게 된 겁니다.

그동안 알아보니 아파트는 3층도 나와 있고 소위 로열층이라는 아파트도 매물이 나와 있었습니다. 건수를 올려야 하는 부동산에서는 이것도 저것도 다 좋다고 했지만 저는 어떠한 일이 있어도 꼭 일층 아파트에

24평이어야 했습니다. 전에 세를 살아보니 위치에 따라서 일층은 로열층 못지않은 좋은 점이 무척 많았었습니다.

그 첫째는 승강기를 기다릴 필요도 없이 항상 아무 때고 무시로 드나들 수 있다는 점입니다. 승강기가 고장 나거나 정기점검 중이거나 혹시 이사를 오가는 날이면 하루 종일 운행이 잘 안 돼 보통 불편을 겪는 게 아니었습니다. 무엇보다도 제가 사는 아파트처럼 정 남향에 아파트는 전원주택 같은 풍광에 흙냄새 풀냄새가 물씬 물씬 풍겨 한없이 상쾌한 기분이 든다는 겁니다.

저희 집은 특별히 저희들의 생활을 위해 지어진 맞춤형 주택 같습니다. 거실 앞 화단 앞 길 건너에는 벤치가 있어 수시로 사람들이 와 앉고 얘기도 나누는 모습도 볼 수 있습니다.

동쪽으로 나있는 창문 너머 조금 떨어진 곳에는 어린이 놀이터가 있어 낮이면 울고불고 날뛰고 그네 뛰고 시소게임에 말 타기, 미끄럼에 유격 훈련 같은 밧줄 타기 등이 있어 떠드는 소리가 그치지 않아 삭막한 기분이라는 느낌은 처음부터 없었습니다.

경험해 봐서 아는 일이지만 가끔가다 친구들 집을 가보면 보이는 건 성냥갑처럼 쌓아 올린 아파트뿐 하늘 말고는 볼거리라는 건 TV뿐이었습니다. 하지만 우리 집은 수많은 주민들이 나와 거니는 곳이라 날마다 구경거리가 새롭다는 겁니다. 비록 전보다 거리는 뒤쪽으로 조금 밀려나 있어도 전에 없던 전망이 저를 반겨줍니다.

여기서 20m쯤 떨어진 남서쪽에는 걸어서 10분쯤 위에 있는 고운 고등학교에서부터 저 아래 가재 9단지 앞까지 주민 산책로가 조성되어 있습니다. 그 옆을 따라 인공으로 조성된 냇물도 고등학교 위에서부터 가재 9단지 냇가까지 이어져 혹한기 겨울만 아니면 봄부터 가을까지 밤낮없이 좔좔좔 냇물이 흐르고 있습니다.

 이 길 따라 동네 분들 대열에 우리부부도 팔짱도 끼고 거닐면 행복한 잉꼬부부가 따로 있다는 생각이 들기도 합니다. 아침과 저녁 하루 두 차례 운동 삼아 도란도란 얘길 나누며 걷다보면 여기가 무릉도원이요 살기 좋은 마을이라는 생각이 들곤 합니다.

 아침저녁 추위가 가시면서 7월부터 부쩍 많은 어린이가 나와 놉니다. 아파트 단지는 400여 세대 우리 아파트 주변에 8층 높이의 아파트 한 동과 13층 높이의 아파트 한 개동에 겨우 100여 호를 조금 넘길 뿐인데 세종시는 젊은 도시답게 평균 연령대가 36.5세라 하더니만 그래서 그런지 유달리 다른 지방에 비해 어린이가 많아 요즈음은 모였다하면 보통 30~40명 왁자지껄 정말 사람 사는 냄새가 납니다.

 냇물 건너에는 상가 밀집 지역입니다. 화개장터처럼 있을 것 다 있고 없을 건 없지만 저녁때는 각 점포마다 내걸린 간판에 화려한 불빛들이 불야성을 이루어 눈은 항상 즐겁습니다. 이런 광경을 볼 수 있는 주택은 흔치 않습니다. 그래서 저는 입주당시 머물렀던 현관옆방에서 전망 좋은 거실 옆방으로 자리를 옮겨답니다.

 거실에서 들어와 동남쪽으로 나 있는 두 개의 창문을 열면 시원한 맞바람이 들어와 선풍기 없이도 시원한 여름을 보낼 수 있습니다. 아침에 일어나 창문 가리개, 블라인드만 올리면 아파트를 지을 때 심어 놓은 각종 조경수가 무성하게 자라는 모습도 볼 수 있습니다.

 제가 글 쓰는 책상에서 일어나 허리를 약간 굽힌 채 손만 밖으로 내밀면 조금씩 붉게 물들어 익어가는 작은 애기 사과나무 열매가 만져집니다. 왼쪽창 너머에는 강원도에 서식하는 어린 구상나무 두 그루가 거리를 두고 서있고 그 앞쪽 자전거 거치대 앞으로는 가림 막으로 심어 놓은 무궁화 꽃나무가 8월 광복절을 빛내기 위해 짙푸르게 자라고 있습니다.

얼마 전에는 저녁때에 현관문이 고장 나 당황 할 수밖에 없지만 키 높이 창문을 뛰어 넘어 들어가 안에서 밖으로 문을 열어 난리를 모면했던 적도 있었습니다. 이런 일들이 2층이나 3층, 그 이상의 아파트에서 벌어진다면 창을 넘어 들어 갈수도 없고 언제고 수리기사가 올 때까지 초조하니 발만 동동 굴려야 할 겁니다. 정말 말할게 너무 많습니다.

제가 출근하고 나면 혼자 남은 아내는 딸네 집에 갑니다. 두 딸 중에 막내가 나은 셋째아기 손녀딸을 보러 갑니다. 이 아이가 얼마나 씩씩하고 활달한지 한시도 그냥 있지를 못합니다. 몸이 부들부들 얼마나 유연한지 이리 뛰고 저리 돌고 언니의 발레를 흉내 내느라 넘어지고 자빠지고 쿵쾅 거리고 노래하는 소리에 배꼽을 잡지만 우리 집은 단층이라서 층간소음 때문에 걱정 할 필요도 없습니다.

손녀딸은 제 집에서 제지당한 한을 여기 와서 푸는 겁니다. 자유를 만끽하는 겁니다. 우리 집만 오면 유난을 떠는 것도 이런 제약이 없기 때문일 겁니다.

다들 나이든 사람들은 아파트가 답답하다 합니다. 꼭 갇혀 사는 느낌이라지만 우리 집 같은 구조는 단독주택 저리가라입니다. 저는 그래서 일층만을 고집했고 그 꿈을 이루어 여길 떠날 마음이 없어 아예 평생을 눌러 사려고 이집을 아예 주택연금에 가입했답니다. 이 제 더 이상 다른 집 부러워하지 않습니다. 우리 집이 최고라고 생각합니다.

47. 월급 소동

 1960년대 우리 월급쟁이들은 가불(假拂)을 많이 타 썼습니다. 지금은 그런 사람도 없지만 아직도 일부 임금을 체불하는 업체가 있답니다. 우리가 한 달간 일하고 받는 월급날은 매달 10일 날입니다. 어떤 회사는 기분 좋게 딱 그달 30일 날 월급을 지급하는 회사도 있지만 사정에 따라 어떤 회사는 조금 늦은 5일이나 혹은 우리처럼 매달 10일 날 지급하는 회사가 많이 있습니다.
 월급은 현금을 직접 봉투에 담아 본인에게 나누어 주던 옛날 방식과는 달리 지금은 입사당시 제출한 서류를 근거로 통장으로 넣어주기 때문에 돈을 직접 만져 볼 수는 없지만 번거롭게 은행을 가지 않더라도 그날 현지에서 휴대폰 하나만 열어보면 얼마든지 입금을 확인할 수 있습니다.
 만약에 금액에 차이가 나거나 이상이 생기면 이 또한 갖고 있던 휴대폰을 열어 그 안에 내장되어 있는 계산기만 두들겨 보면 임금내역이 맞는지 그른지도 금방 알 수가 있습니다. 여기에 소요되는 시간도 불과 5분입니다. 계산이 서툴러 더듬적거린다 해도 10분을 초과하지는 않습니다. 참 좋은 세상입니다.
 우리네 미화원들 오월 달 봉급은 6월 10일입니다. 그런데 그날을 공교롭게도 주일날입니다. 휴무라서 전국 어디서나 은행업무가 없는 날입니다. 전날 9일 날도 토요일입니다. 주 5일제 근무로 인해 이날도 은행 문을 열지 않습니다. 이렇게 연 이틀씩이나 휴일이 겹치는 경우에는 통상 날짜를 앞당겨 월급을 지급하기 때문에 정상대로 봉급이 들어온다면 우리는 6월 8일 금요일 날 오후에 들어와야 맞습니다. 우리 월급쟁이는 이날만 고대하고 삽니다.

오후 세시 반 일과가 끝나자마자 봉급 얘기가 터져 나왔습니다. 어련히 알아서 줄까 성질 급한 사람들을 뒤로하고 확인해 보니 봉급을 들어왔는데 입사당시 들었던 내용과는 확실한 차이가 있었습니다.

여자 미화원들은 1,388,700원, 힘든 외곽 미화원들은 1,488,700원이라 들었습니다. 여기에 단 하루도 빠지지 않고 한 달 내내 고생한 사람은 계산할 것도 없이 1,488,700원이 그대로 다 나와야만 맞습니다. 설령 국민 4대 보험금을 공제한다 하더라도 저는 142,000원은 넘어야 하는데 단 일이만원의 차이도 아니고 무려 10만원의 차이가 났습니다. 난리가 났습니다.

왠지 입사당시 근로계약서를 작성해야 되는데 이상하게 한 달이 넘도록 차일피일 미루더니 이런 꼼수를 부리려고 그렇게 미적미적 한 것 같아 괘씸하기 짝이 없었습니다. 속인 것이 분명하고 당한 게 틀림없다는 겁니다.

그러나 시간은 이미 세시 반 퇴근이 두 시간이 지난 오후 다섯 시가 넘어 회사도 이미 문을 닫았을 테고 우린 누구에게 따질 수도 없습니다. 다음날이라도 출근한다면 모르지만 앞으로도 이틀을 지나야 하니 그동안이 걱정이었습니다. 때마침 집에 도착한 야무지고 당차게 생긴 여자 미화반장한테서 전화가 걸려왔습니다.

이분도 이 문제로 상의 하려고 전화한 겁니다. 원래 이분은 전에 제가 반장으로 있을 때 다른 아파트에서 함께 일했던 분으로 제가 이곳에 옮겨 오면서 이분을 제가 불러들여 미화반장을 시킨 터라 이분은 무슨 일만 있으면 저를 반장님이라 부르며 의견을 구하곤 한 분입니다. 그분도 월급이 이상해서 따져봤나 봅니다.

하도 기가 막혀 즉시 부장한테 세 번이나 전화를 걸었는데 안 받더니 한참 후에야 연락이 왔다는 겁니다. 내용인 즉은 그런 게 아니라는 겁니다. 경리사원이 계산을 잘못해 벌어진 일이라며 돌아오는 월요일 날 아홉시 은행업무가 시작되면 차이나는 미지급분 10만원씩을 틀림없이 집어넣어 주겠다는 겁니다.

정말 일일이 확인해 보니 우리 미화원 여덟 명 전원에게 10만원씩이 덜 지급되었습니다. 우리는 그게 더 이해가 안가고 이상했습니다. 각기 입사일이 달라 만 한 달이 되지 못하고 하루 이틀이 모자란 분들은 계산상 착오가 날 수 있지만 정해진 월급 단 하루도 빠지지 않은 사람은 계산할 것도 없이 한 달 치를 지급하면 될 텐데 어떻게 하루가 부족하건 이틀이 모자라건 간에 모두가 일률적으로 똑같이 10만원의 차이가 나느냐 이겁니다.

모두들 속았다고 성토했습니다. 그러면서 월요일 지켜보고 그래도 안 되면 노동위원회를 통하든지 아니면 일괄 사표를 내던지 행동을 모아야 한다고 떠들어 댔습니다. 전화는 다 한 결 같이 가만있지 않겠다는 겁니다.

그렇게 이틀 후 월요일 출근한 동료들은 또한 우리를 우롱했다 난리를 쳤습니다. 하지만 할 일은 해야 돼서 일단 근무를 하고 점심시간 모여서 확인해 보니 그 돈 10만원은 입금되었고 미안하고 죄송하다며 부장과 차장이 찾아와 사과하며 설명함으로 그렇게 핏대를 올렸던 이틀간의 월급소동은 막을 내렸습니다.

그제야 웃음꽃이 피었습니다. 정말 그렇습니다. 우리 희망은 오직 돈, 월급입니다. 이거 하나보고 70넘은 나이에도 그 먼 대전 판암동 끝에서 새벽같이 일어나 아침도 먹는 둥 마는 둥 부지런히 서둘러 차를 갈아타고 여기까지 와서 먼지를 뒤집어 써가며 청소를 하는 겁니다.

청주에서 오는 사람은 유류비만 20만원이 듭니다. 고생고생 하는 사람들 위로는 못할망정 월급을 떼어먹어 어림도 없는 소리라는 겁니다.

이제 이런 실수는 없겠지요. 그때 가서 또다시 이런 일이 발생한다면 아마도 회사는 온전히 못할 겁니다. 약자라서 하는 소리입니다.

- 2018.6.12.

48. 말하기 곤란한 병

　일급비밀을 다루는 국가기관에서 근무하는 사람들은 어디가나 입조심을 해야 합니다. 부지(不知) 중에 잘못 말하다가는 큰일 나기 때문에 되도록 말을 삼가야 합니다. 설령 그 임무에서 손을 뗀 후에도 일정기간 비밀이 해제될 때까지는 절대적으로 말을 함부로 할 수가 없습니다.
　평범한 사람이지만 우리도 살다보면 차마 말 못할 사정에 직면할 때가 있습니다.
　그게 꼭 무슨 범죄에 연루되었거나 어떤 부정한 짓을 해서가 아닌데도 그런 일이 발생할 때가 있습니다. 누가 병은 자랑하라고 했는지 모르지만 이 병에 걸리면 공연히 부끄럽고 창피해서 선뜻 드러내 놓고 말할 수가 없습니다. 아주 고약한 난치병입니다.
　저는 이 병을 알게 된지가 10년쯤 됩니다. 주로 나이 먹은 노인들에게 잘 나타난다더니만 제가 회갑이 지나면서 이 병이 발병 했습니다.
　주의 깊게 살펴보면 어딘지 모르게 전과 같지 않다는 것을 느낄 수 있지만 이런 증상은 아주 미미해서 평소 건강했던 사람은 쉽게 느끼지 못하기 때문에 정작 본인은 이병에 걸린 지도 몰라 병을 키우기가 일수입니다.
　저도 뒤늦게야 알았습니다. 의사는 치료를 해야 한다고 했지만 저는 별다른 지장을 못 느껴 그렇게 심각하게 여기지 못했었습니다. 그 후 한해 두해 병을 의식해서 그런지 해가 거듭될수록 깊은 잠을 이룰 수가 없었습니다.

  24시간 중 거의 18시간은 일하다 보면 일찍 곯아 떨어져 자야만 하는데 이상하게도 숙면을 취하지 못하고 자주 잠을 깨어 화장실을 다니게 되었습니다. 그렇다고 시원스레 소변을 보는 것도 아니었습니다. 기능이 떨어져 오줌줄기가 힘이 없고 자꾸만 깨지면서 실낱처럼 가늘고 곧장 밑으로 떨어졌습니다.

  저는 그때서야 왜 사람들이 공동으로 사용하는 화장실에 가면 남자가 흘리지 말아야 할 것은 눈물만이 아니라는 걸 깨달았습니다. 저와 같은 나이 먹은 환자들이 많다는 뜻일 겁니다.

  저는 당사자입니다. 제가 직접 경험해보니 이해는 가지만 누구는 흘리고 싶어 흘리는 건 아닐 겁니다. 찔찔찔 나오다 말다 내 놓았는데도 또 금방 소변이 마렵 습니다. 얼마나 귀찮은지 모릅니다.

  본인은 분명 볼일을 다 봤다고 생각하지만, 항상 잔뇨가 남아 있습니다. 미처 빠져나오지 못한 오줌줄기가 남아 있다가 옷을 다 추켜올려 입고 나면 그제서 몇 방울 흘러나오면 팬티도 젖습니다. 꺼림칙하고 냄새도 납니다. 보통문제가 아닌 겁니다. 호미로 막을 걸 가래로 막게 되는 겁니다.

  정기적인 검사를 받고 처방도 받고 약도 받아 복용해야 합니다. 그랬더니 괜찮아 졌습니다. 제 소견에는 이제 전립선 비대증은 끝난 줄 알았습니다. 그러나 얼마 후 병은 재발했습니다.

  알고 보니 전립선 비대증은 고혈압과 당뇨처럼 평생 간다는 겁니다. 꾸준한 정복이 필요한 것을 전에 판단착오로 몰랐던 겁니다. 그래서 소변검사 혈액검사를 실시했습니다.

  전립선 수치는 평소 2에서 3.6 위험수치에 도달했습니다. 증상이 아주 심한 경우입니다. 그래서 심지어는 조직검사도 받아 왔습니다. 다행이도 그렇게 걱정했던 암은 아니라는 결과에 한시름 놓게 되었습니다.

  그때부터는 의사의 지시에 따라 가끔 오전에 마셨던 커피도 안 마셨습니다. 절대 해서는 안 된다는 말에 어쩌다 모임 때나 소주 반잔 눈알만치 걸치는 술도 끊었습니다. 철두철미한 투병생활에 돌입했지만 70이 가까워 오면서 기운이 떨어지니 과연 기대만큼 좋아지지는 아니했습니다.

  들리는 얘기로는 연장은 쓰지 않으면 녹슬기 마련이라며 남자나이 70이면 적어도 7일에 한번쯤은 부인과 함께 해야 된다고 합니다. 흐르는 물이 썩는 걸 봤느냐는 겁니다. 구르는 돌은 절대 이끼가 끼지 않는 법이라며 한 달에 한번이 뭐냐며 이제라도 접촉을 시도해 보라고 절친은 말했습니다. 그렇다면 지금까지 저는 부인에게 미안한 짓을 한 겁니다.

  하지만 부인은 초연한 듯 그런 야시야시한 기미를 보인적은 한 번도 없었습니다. 언제나 제 편에 서서 출퇴근 직장생활에 지친 저를 걱정하는 사람입니다. 또한 지금까지 책을 좋아하는 제가 불편할까 염려되어 항상 우리는 떨어져 각방 생활을 해왔기 때문에 그런데는 무딘 사람입니다. 그래도 우리는 늘 웃고 삽니다.

  단, 이놈의 전립선이 문제입니다. 특별히 아파트 청소를 하는 저 같은 사람에 있어서는 정말 큰 문제입니다. 다른 데는 몰라도 세종시 아파트는 단지 내 노인정이나 경비실 휘트니스 센터 등 주민을 위한 편의시설에는 화장실에 설치되어 있지만 우리네 미화원들이 아무 때고 쉽게 볼일을 볼 수 있는 화장실이 외부에는 전혀 없습니다.

급하면 만만하게 경비실이지만 아파트 단지가 넓어 이쪽에서 일을 하다 저쪽 정문 경비실이나 후문까지는 너무 멀어 가는 동안 싸야 합니다. 어쩔 수 없이 그 주변에서 해결하기 위해 후미진 곳을 찾지만 녹지 공간이 많아도 실례할 곳은 전혀 없습니다. 또한 세종시 아파트는 천지사방에 CCTV가 설치되어 움직이는 물체를 노려보고 있습니다. 어른으로서 그런 짓을 해서도 안 되지만 이 병에 걸리면 그런걸 가릴 새가 거의 없습니다.

저는 지금까지 2년 동안 그동안 누군가는 아파트에서 제가 실례하는 모습을 지켜본 주민도 있었을 겁니다. 민원이 안 들어온 건 그분들도 우리가 누군지 알기 때문일 겁니다.

그래도 개운치 않아 항상 휴지도 챙겨 가지고 다니다가 볼일을 보고 나면 팬티에 젖지 말라고 휴지를 감싸 주기도 합니다. 샤워도 자주하고 옷도 잘 갈아입고 엄청 많은 신경을 쓰게 됩니다. 이건 제 개인의 문제이지만 가정에도 중요한 변수이기 때문에 거의 제 기능을 못하고 낡아빠진 연장이지만 아직은 부인이 있는 동안은 내 것을 내 것이라 주장할 수 없습니다.

소유권이 부인에게 국한되어 있고 저는 관리자에 불과하기 때문입니다. 부인은 이해심이 많은 사람입니다. 혹이나 이것 때문에 마음 상할까봐 전립선에 대해 일체 언급을 하지 않습니다. 어쩌다 외식을 하듯 거사를 치르는 날엔 절보고 당신은 아직도 청년이라고 위로의 말을 해주곤 합니다.

우리 친구들은 이것 때문에 고민하지 않습니다. 저만 먼저 찾아온 거 같습니다. 요즈음은 피죽도 한 그릇 못 먹은 사람처럼 풀이 죽어 있습니다.

저는 고개 숙인 남자입니다. 말만해도 불끈불끈 용솟음치던 기백은 영 사라졌습니다. 별놈의 방법을 다 동원해도 일으켜 세울 수가 없습니다.

추녀 끝에 물방을 떨어지듯 하던 것도 지난 애기입니다. 지금은 아예 살을 타고 내립니다. 희망을 버려야 할 것 같습니다.

언젠가는 이런 때가 오겠지마는 전립선 때문에 이렇게 쉽게 망가질 줄은 몰랐습니다. 의사도 부인도 저에게는 도움이 되지 않습니다. 누가 청년 때는 아니더라도 절 어떻게 좀 회복시켜 주었으면 하는데 어디 가서 아무한테나 이걸 물어볼 수도 없고 전립선 비대증, 정말 징글징글 합니다.

49. 4월의 보릿고개와 축제

해마다 해가 바뀌면 철이 바뀝니다. 2월하면 아직도 그늘진 곳에는 겨울의 찬기가 남아있어 춥지만 농촌은 이때부터 일을 해야 합니다. 들녘에는 작년 가을 파종해 보리밭이 있습니다. 거름도 주어야 하고 겨우내 부풀어 오른 땅 보리가 말라 죽지 않도록 일일이 꼭꼭 밟아 주어야 하고 할 일이 참 많습니다.

이제 일이 시작되면 가을 추수가 끝날 때까지 농촌은 눈코 뜰 새 없이 바쁠 겁니다. 그러므로 매년 이런 일을 겪어 본 머슴꾼들은 칠월 칠석 때가 아니면 쉴 날이 없어 고생스럽다고 정월 대보름만 지나면 대문을 잡고 말없이 눈물을 뚝뚝 흘리기도 하였답니다.

올해의 음력 대보름은 양력으로 2월 11일입니다. 입춘이 지난 지 벌써 일주일이 지났습니다. 시기적으로 보아도 농촌은 한가하게 앉아 있을 때가 아닙니다. 농기구들을 가지고 한번 들녘에 나갔다 하면 그때부터는 해가 어둑어둑 저물어야만 집에 돌아갈 겁니다.

1950~60년대 우리는 이런 일을 수도 없이 겪으면서 지냈습니다. 풍요로운 요즈음 전원생활을 꿈꾸는 도시민들은 환상에 젖어 귀농 귀촌하지만 지금도 당시로 돌아가 소 몰고 쟁기질에 벼농사 보리농사를 짓는다면 얼마나 배고프고 힘든지 자식들 교육 엄두도 못 낼 겁니다.

지금 돈으로 계산하면 백석부자 아무것도 아닌데 대부분 소작농이었던 농민들의 생활상은 먹고 살 양식조차도 안 되어 쌀 몇 가마로 겨울을 낫지만 봄만 되면 먹을 게 바닥 나 우리 집처럼 가난한 집 어머니들은 벌써 3월부터 형편이 나은 집을 찾아다니며 식량을 구해다 먹어야 했습니다.

겨우 보리쌀 몇 되 막 얻어오면 그것도 단 하루라도 더 연명하기 위해 상추쌈만 잔뜩 뜯어다 보리밥은 겨우 반 수저 시늉만 내고 얹어 한입씩 먹었지만 돌아서면 허기지고 배고프면 물로 배를 채우고 허리띠만 자꾸 졸라매었습니다. 다들 기아선상에서 허덕였습니다.

그때의 사오월은 정말 말도 꺼내기 싫은 배고픈 시절이었습니다. 오월 중순만 되어도 이른 보리는 아쉬운 대로 베어다 먹을 수가 있었지만 그때를 기다리려면 최소 한 달 반 정도는 기다려야 하니 당장 버티기도 힘든데 그래서 그때를 가리켜 보릿고개라는 말을 지어내게 된 것입니다. 그때는 왜 그리도 먹을 것이 귀했는지 백옥같이 하얀 쌀밥 한번 실컷 먹어 보는 것이 소원이었습니다.

먹어 본 사람은 알지만 보리밥은 개밥에 도토리처럼 입안에서 뱅뱅 돌고 잘 씹히지도 않고 소화력도 떨어져 먹었다하면 쓸데없는 방구만 자주 나왔었습니다. 저는 지금도 보리하면 넌덜머리가 나는데 같은 직장에 근무하는 친구는 무엇에 홀린 듯 저를 보면 자꾸만 언제 전라북도 고창 청보리밭 축제를 가자는 겁니다.

그 친구는 제가 거절 할 수 없는 친구입니다. 그러므로 어쩔 수 없이 예정된 날짜에 월차를 내어 같이 가게 된 것입니다. 하나 화려할 것도 없는 들판 농촌은 모내기 전이라 청보리밭 말고는 황량한 들판인데 이 좁은 농로 길로 구경 오는 차량들로 차는 가다 서다를 반복하여 고창에

온지 한 시간 만에 겨우 도착했습니다. 사람들은 당시의 주역들을 뺀 듯이 주로 그 시절을 모르는 20대와 30대 40대 들로 북새통을 이루었습니다.

　보리밭 실상은 볼게 없지만 우리나라는 축제의 나라입니다. 내용도 없는 칼국수 축제를 벌이다 보니 한해에 약 2,500개 정도의 축제가 벌어진다고 합니다. 그 속에 사라져 가는 우리 것을 살리고 지난 어른들의 애환을 담은 청보리밭 축제는 참 잘한 겁니다.

　어린이나 자라나는 청소년들 학습 효과도 거둘 수 있고 연속성이 있어도 전혀 무리가 없는 축제…. 이것이 성공하면 또 다른 축제도 고안해 낼 것입니다.

　지역 경제보다도 낙후되고 소외된 고장을 알리는 데는 축제만큼 좋은 효과도 없을 것입니다. 이제 청보리밭 축제는 제 과거사가 아닙니다. 오늘의 현장입니다. 저 분들은 저렇게 좋다고 구경도 오는데 저는 회피했으니 말입니다.

- 2017. 4. 13.

50. 동안의 소리

저는 8남매 중 둘째로 태어났습니다. 위로는 금년 73세가 되신 맏형이 있고 아래로는 67세의 여동생이 살고 있습니다. 모두다 3살 터울입니다. 그러나 동네 사람들은 저보고 어려서 신탄강 다리 밑에서 주워왔다가 놀려 댔었습니다. 그러나 여러 가지 정황들을 종합해 볼 때 믿을 수가 없었습니다.

그 당시 태어난 1949년 기축생들은 어린 나이에 6.25를 겪으면서 피난길에 올라야 했고 가난과 굶주림, 질병 등 열악한 환경으로 앓다가 죽은 친구들이 적지 않게 많았었습니다. 용케도 살아난 것이 기적이었답니다. 그 와중에 저는 태어나면서부터 이름 모를 설사병에 걸려 장정도 한번 설사하면 다리가 후둘 후둘 거린다는데 저는 3년 동안 그 설사를 해 기지도 걷지도 못했다고 합니다.

워낙 오랫동안 설사를 앓다보니 얼마나 몸이 수척했는지 뼈에 껍질을 두른 것처럼 몰골이 형편없었다고 합니다. 부모님 말씀처럼 의붓자식같이 편애해서 그렇다는 게 아닙니다. 그렇듯 처음 성장판이 잘못되어 허약하다 보니 커서도 비실비실 오늘날까지 이 모양 이 꼴이 된 것입니다.

물론 저에게도 혈기 왕성한 때는 있었지만 나이만 젊을 뿐 신체적 나이는 언제나 훨씬 늙어 있었습니다. 사람들은 그런 저를 놀이 삼아 너

부부관계는 되느냐고 부끄러운 질문을 던지기도 했습니다. 그러면 센스 있는 사람은 그래도 용기와 희망을 준다고 마른 장작이 화력이 좋다고 하면서 좌중을 웃기기도 했지만 화력이 좋으면 뭐 합니까? 금방 타버리고 마는 데라고 응수했었습니다.

하기야 오징어는 마를수록 오래 씹기도 할 겁니다. 70에 들어서면서부터 더욱 노골화되었습니다. 부끄러움을 모르는 여자들은 산행에 한잔 들어가면 아저씨는 내가 자빠트려도 넘어가겠다고 창피를 주기도 했습니다.

자존심 상하는 것은 우리 형님 앞에서 형님 친구 분들이 아무 생각 없이 던지는 말입니다. 너는 네 형보다 어찌 더 늙어 보인다는 말입니다. 그 말은 직접 저를 겨냥한 말이지만 그 자리에 함께한 형님이 그 소리를 들을 때 기분이 어땠을까 참 민망해 했을 것입니다. 오래전 얘기지만 저는 그때 받은 충격을 잊을 수가 없어 그 뒤 평생 한번 살쪄 보는 게 소원이 되었습니다.

허약체질을 개선할 수만 있다면 여한이 없을 거 같아 이것저것도 복용해 보았지만 효과를 거두지는 못했습니다. 또 한해가 지나고 또 한해 혈색이 얼마나 나쁜지 얼굴엔 기미까지 누런 황달처럼 모여서 굳이 관상학을 공부하지 않아도 병자라고 볼 수밖에 없었습니다. 몸은 지체가 다르지만 각각의 지체들이 모여 한 몸을 이루듯 손이 발더러 나는 발이 아니니 몸에 붙어있다 할 수 없듯이 반드시 상호 연관성이 있어 가장 시급한 게 소화를 돕는 위장이었습니다. 장에 좋다고 장 박사를 사용했지만 먹을 때뿐이고 근본치료가 안 되어 항상 설사는 계속되었습니다.

남자 나이 65세에 몸무게 50kg는 창피스럽고 남이 깔볼만한 체구입니다. 굴욕도 당했었습니다. 그러다 스스로 깨우쳤습니다. '천국은 네 마음에 있느니라' 천성을 그렇게 타고났지만 후천적으로 가난 때문에 생겨난 욕심을 버리고 마음을 비웠습니다. 장에 좋다면 물불 가리지 않고 먹었습니다.

원인은 그것이었습니다. 마음에 평안이 찾아오면서 식성이 변하고 체질이 변하게 된 것입니다. 혈색도 좋아졌습니다. 얼마 전에는 밑반찬이 부족해 양념류를 사려고 조치원 장에 갔다가 전에 함께 예배드리던 어느 권사님을 만났습니다. 그분도 예전에는 못되게 봤었는지 보자마자 집사님 참 얼굴이 좋아졌다고 칭찬했습니다.

가게 주인은 한 살 아래인 화월식당 아줌마와 친구라며 인사를 나누는걸 보고 아저씨 나이가 몇이냐고 물었습니다. 49년 소띠라고 했더니 자기와 동갑인데 자기보다 제 얼굴이 더 좋다며 동안이라고 몇 번씩이나 의아한 듯 물었습니다. 처음 보는 동갑네는 무슨 비결이라도 있는 줄 아는지 어쩌면 그러냐고 또 칭찬, 칭찬… 갈 때까지 칭찬을 연발했습니다.

저는 요즈음 들어 자주 듣는 얘기지만 이 동갑내기의 극찬에 얼마나 고무되고 기뻤었는지 금방 내 얼굴이 달아올랐습니다. 이렇게 황홀할 수가 마치 횡재를 한 기분이었습니다. 흥분을 가라앉히지 못해 입은 귀에 걸리고 노래가 절로 나왔습니다.

부인은 그렇게 좋으면 한번 안아주지 그랬냐고 하지만 할 수만 있으면 업어주고 뽀뽀라도 해주고 싶었습니다. 낯모르는 사람한테도 한턱 쏘고 싶었습니다. 저는 그런데 이제까지 남을 기분 좋게 칭찬한 적이 별로 없는 것 같습니다.

듣기 좋은 말은 누구보다 잘하고 많이 하지만 비위맞추는데 초점이 맞추어져 있지 진짜로 그 사람을 황홀하게 해본적은 없어 가게 집 주인을 잊을 수가 없습니다. 그분은 날 들뜨게 했고 엔도르핀이 솟아나게 한 분입니다.

저는 살아있는 한 이날 이분을 기억하고 언젠가 또 물건을 구매할일이 생기면 또다시 이 집을 들릴 것입니다. 사장님 덕분에 몸이 더 좋아지게 되었다고 감사를 표할 작정입니다. 이젠 고민하지 않습니다. 아파트 청소를 하는 미화원도 제 체질에 맞습니다.

- 2018. 1. 4.

51. 한 통화의 힘

 2017년 정초의 일입니다. 구정을 앞두고 저는 기왕이면 일가친척들이 모일 수 있는 명절 때 제 수필집 「뜨락에 이발사」를 배포하려고 출간했습니다. 먼저 드려야 할 분들이 있고 나중 기회가 닿는 대로 드려야 할 분들이 있어 순서를 정해 놓고 우선 먼저 저는 우리 교회 담임 목사님께 한권을 드렸습니다.
 목사님들은 좋은 설교, 은혜와 감동을 선사하려면 여타의 많은 책들을 보고 읽고 하시기 때문에 남다른 식견을 가지고 있다고 생각이 들어서 입니다. 어떠한 평가가 내려지게 되면 다음 주 교회에서 제 책을 배포하는데 상당한 도움이 될 거라 봅니다. 총 재적인원은 팔십 명이지만 책을 볼만한 장정은 약 50여분, 많지는 않지만 이 중 단 한분만이라도 책을 다 읽고 나서 후일 저한테
 "집사님, 책 잘 봤습니다. 정말 잘 봤습니다."
 이렇게 건성이지만 그렇게 가식적인 전화 한통화만 주어도 듣는 저로선 큰 힘이 될 것 같았습니다. 아는 것도 없는 제가 처음이기 때문에 아예 기대도 아니했던 겁니다. 저도 일하면서 틈틈이 쓰는데 꼬박 1년도 더 걸렸는데 다들 생업에 종사하느라 바빠 책을 볼만한 여유가 없어서 그런 인사를 적어도 한 달이란 기간을 둔 것입니다.
 그런데 뜻밖에도 단 삼일 만에 우리 교회에 가장 연로하신 홍 권사님

께서 전화를 주셨습니다. 그분은 평생을 교회에서 기도로 사신 분이십니다. 합죽이처럼 이는 빠져 치아는 없으시지만 90넘은 연세에도 허리를 꼿꼿하시고 지금도 성경을 품에 끼고 사시는 우리 교회 기둥 같은 분이십니다.

누구에게나 성경의 본질처럼 사랑하시는 분이신지라 칭찬에 후하신 분이시지만 제게 주신 전화는 습관화된 평상시의 말씀이 아니었습니다. 우리 교회 성도의 작품이라 내리 삼일동안 제 수필집을 다 봤다는 겁니다. 그 중에서 책 제목처럼 〈뜨락에 이발사〉와 〈부모님 밥상〉에 많은 공감을 느꼈다는 겁니다.

내용 중에는 그 분의 내용도 많이 언급이 되었습니다. 그 분도 저처럼 부모님을 끔찍이 사랑하는 자제들이 있습니다. 얼마나 반듯하게 키우셨는지 삐뚤어진 사람 하나 없이 아들 셋 다 우리 교회 장로요, 집사요, 직장도 복음 사역을 위해 방송국에서 일을 하시는 분들로 글을 쓰자면 거기에 저는 비할 바가 아닙니다.

"집사님, 집사님"

아직도 카랑카랑한 목소리로 한 5분간은 통화한 것 같습니다. 그러나 이 기분 말 할 수 없었습니다. 사춘기를 넘어서 이성에 눈을 뜬 이팔청춘 16세 소녀처럼 가슴이 뛰었습니다. 그것이 계기가 되어 다시 용기를 내어 이번에는 미처 일반 대중들이 쉽게 접근하지 못한 밑바닥을 들여 다 볼 수 있는 청소부의 일상을 담은 또 하나의 수필집을 쓰게 된 것입니다.

알아주고 위로하고 격려하고 처음 책을 내며 돌려 본 사람은 이것이 얼마나 큰 힘과 용기를 주는지 모릅니다. 어떤 분은 헛 인사지만 잘 본다고 하지만 어떤 분은 나는 책과 거리가 멀다고 거절한다고 해보세요. 얼마나 무안한지 그래도 이 작업이 얼마나 힘든지 아는 사람은 책값이라고 인쇄비라고 누런 5만 원권 지폐가 들은 봉투를 건네주기도 하는데 이 전화만큼 보람도 있습니다.

그 전화 인사 한마디 참 고맙고 감사한 일입니다. 전에는 마땅한 통신 수단이 없어 우리는 불편을 겪어가며 편지를 썼습니다. 전화가 생길 때 우리는 생활이 힘들어 전화비 많이 나온다고 용건만 간단히 했습니다. 지금 생활은 다들 넉넉합니다.

요금제를 활용하면 무한대로 쓸 수 있습니다. 알지만 꼭 무슨 일이 있어야만 겨우 전화 한 통 해줍니다. 저는 가릴 것 없이 아는 사람만 있으면 항상 언제든 이런 따뜻한 전화 한 통 걸어주면 얼마나 좋고 고마워할까…. 그 권사님의 따뜻한 전화에 고무된 저는 권하지 않을 수가 없습니다. 저는 홍 권사님 평생을 두고 잊지 못할 것입니다.

- 2017년 4월 13일

52. 청소부의 겨울나기

　우리나라는 봄과 여름 가을과 겨울이 있습니다. 사계절중 한 계절이 왔다가 가는 데는 약 석 달간이란 기간이 필요합니다. 여름방학이 끝나고 9월부터 시작된 가을은 10월 단풍에 11월을 고비로 낙엽이 지고나면 끝이 납니다.
　계절이 바통을 넘기고 12월부터 내년 2월말까지는 기나긴 겨울입니다. 북쪽에서 불어오는 찬바람에 기온이 곤두박질을 치고 영하의 날씨가 계속되면 땅은 꽁꽁 얼어붙고 공중에 떠 있는 구름 속에서는 솜털 같은 하얀 눈이 내립니다.
　한참 자라나는 어린이들은 신명나는 계절입니다. 추운 줄도 모르고 스케이트 썰매를 즐기고 눈사람에 눈싸움까지 넘어지고 자빠지고 겨울놀이에 시간가는 줄을 모릅니다.
　우리처럼 늙었을 때 그리워할 많은 추억들을 쌓고 있는 겁니다. 동심은 참 재미있습니다. 늙어서도 그런 나날을 보낸다면 얼마나 좋을까요?
　한이 되는 것들이 너무 많아 아쉽습니다. 저는 왜 이런 운명을 타고 났는가. 운명에 대한 원망이 들기도 합니다. 벌써 12월입니다. 달력은 한해를 마무리 하고 있지만 우리 청소부는 이제 진짜 고생길에 들어섰습니다. 혹한이 밀려오기 때문입니다. 이미 겨울이 오기 전 가을이 깊어질 때 마음에 준비는 단단히 했지만 막상 겨울로 접어 들자 앞으로 3

개월 꽃피는 3월까지 이 추위를 어떻게 지내야 할까 걱정이 들기도 합니다.

겨울은 우리 같은 청소부들에게는 보통일이 아닌 겁니다. 견디기 힘든 계절입니다. 밖으로만 돌다보니 마스크에 귀마개, 방한복까지 중무장을 하고 다니지만 본격적인 추위가 시작되면 몸 어느 곳 한곳이라도 성한 데가 없이 얼음장같이 차갑습니다.

발을 동동 구르고 없이 사는 사람이 이런 가… 제 모습이 그렇게 초라해 보일 수가 없었습니다. 그날 벌어 그날 먹고사는 노동판에도 모닥불이 있지만 우리는 그럴 형편이 못됩니다.

전기난로, 온풍, 난방시설은 가진 자만이 할 수 있는 예기처럼 부럽게 느껴질 때도 있습니다. 그저 우리는 점심시간 한 시간 따듯한 밥 한 끼 먹는 것만 해도 좋습니다. 한 시간이라도 따뜻한 온돌방에서 지낼 수만 있다면 오전 내내 언 몸을 녹일 수가 있는데…. 그 흔하고 흔한 전기 판넬 하나 까는 것도 동 대표회의를 거쳐 통과 되어야만 가능하기 때문에 관리소에서는 돈이 들어가는 일이라면 그 절차가 까다롭고 예사롭지 않아 못하는 겁니다.

그럼에도 맡은 바 일은 해야 합니다. 밤새껏 추위에 바깥에 설치된 크린넷이 습기를 머금고 꽁꽁 얼어 버렸습니다. 작동이 잘 안돼서 고장난 줄 알았는지 주민들이 음식물 쓰레기를 넣지 못하고 그냥 밖에 놓고 갔습니다. 음식물 쓰레기 봉지도 딱딱한 돌덩이처럼 얼어 버렸습니다. 7군데 많게는 열일곱 군데가 다 그럴 때도 있습니다. 이것을 날씨가 쾌청할 때까지 기다리려면 음식을 쓰레기는 한없이 쌓이게 되어 있어 어서 속히 치워야 합니다.

보통 아파트 한 개동에 최소 50세대에서 많게는 100여 세대 집집마다 굶고 사는 사람 하나 없어 날마다 나오는 음식쓰레기는 적은 양이 아닙니다. 리어카에 하나 가득합니다.

무게와 부피도 많고 동절기 빙판에 미끄러워 혼자는 할 수 없습니다. 2인 1조가 되어 밀고 끌고 해서 그래도 바람이 덜타고 훈훈한 다른 얼지 않은 곳을 찾아 갔다 버립니다.

겨울엔 이런 일이 비일비재 하다 보니 오전 반나절을 이렇게 보낼 때가 많은 겁니다. 눈이 오면 우리는 할 일을 하는데도 우리는 심술 맞은 장난꾸러기 골목대장처럼 훼방꾼이 되는 겁니다.

주민에게 과도히 잘 보이려는 소장님의 지시로 좋건 나쁘건 눈은 내리는 족족 무조건 치워야 합니다. 이틀이건 삼일이건 해치워야 하는 애로사항이 있습니다. 폭설이 내리고 한 2,3일 허리가 휘도록 그 넓은 아파트 신작로를 다 치우고 나면 한 숨 돌릴 여유도 없이 이튿날 또 눈이 내리면 질력이 나서 당연한 겨울인데도 '이놈의 날씨' 하며 날씨탓을 하게 되는 겁니다.

병을 다루고 쇠를 다루고 손을 다칠까봐 장갑은 필수로 끼고 있지만 감각은 둔해서 일에 진척이 없는 것도 고민입니다. 그렇다고 온갖 쓰레기를 다 다루는데 위생상 맨손으로 일할수도 없고 겨울은 이래저래 고민거리도 많습니다.

53. 팔방미인과 재주꾼

여자의 키 165, 몸무게 48, 가슴둘레 32, 허리가 28, 히프가 32. 이정도의 몸매를 가진 여자라면 누구나 참 잘빠진 여자라고 할 것입니다. 게다가 얼굴까지 받쳐 준다면 금상첨화, 더 이상 바랄게 없는 완벽한 미인 중에 미인이라고 신중현의 노랫말처럼 한번 보고 두 번 보고 자꾸만 보고 싶을 겁니다.

요즈음 탤런트나 광고모델 들은 거의가 다 이런 스타일이라 이런 사람들은 무슨 옷을 입어도 맞춰 입은 옷처럼 척척 잘 어울릴 것입니다. 폼 잡을 만하기 때문에 보란 듯이 거리를 휘젓고 다닐 만하지요. 그런데 여자 아닌 60대 후반의 중년 남자 어른께서 이런 꼴을 하고 다닌다면 어떻게 보겠습니까?

대다수의 많은 사람들은 이런 약체를 보고 건강 걱정을 많이 하게 될 것입니다. 남자란 속이 어떻든 간에 우선 보기에 일단 외형상 덩치가 있어야 한 가닥 할 것 같아 함부로 깔보지 않을 것입니다. 법보다는 주먹이 가깝다고…. 사회 현실이 그렇습니다.

제가 바로 그 주인공입니다. 저는 체력이 워낙 왜소한 편이라 가끔 친구들로부터 종종 그런 오해를 받고 삽니다. 그러나 저는 지금까지 몸을 핑계로 일을 보고 망설여 본적이 없습니다. 불도저처럼 겁 없이 닥치는 대로 척척 달려 들어 밀어 붙이는 성질이라 절대 주저 해본 적이 없습니다.

오늘까지 당당하게 살아온 이유가 이 실천주의 자신감 때문입니다. 그런고로 가방끈이 짧지만 어느 누구 앞에서도 주눅 들어 본 적이 없습니다. 재주가 많아서가 아닙니다. 사람들은 그래도 타고나야 한다고 하지만 저는 꾸준한 노력의 결과라고 제 경험담을 실례로 들 수 있습니다.

저는 화훼장식사도 아닙니다. 꽃꽂이 학원 근처도 못 가봤지만 30년 동안이나 꽃집을 운영해 집안을 일으켜 세우기도 했습니다. 가을 단풍에 시 한 수를 쓰고 개나리 한 잎에도 신문지 일면을 채울 정도로 글을 쓰기도 했습니다.

마이크를 잡으면 1분 안에 두 번은 웃길 수도 있습니다. 총각 때 연애편지도 못 써서 대필을 받던 제가 지금은 수필가가 되었답니다.

사람들은 팔방미인이라고도 하지만 노력 없이 되는 일은 없을 겁니다. 가수들도 한번 초대 받으면 무대에 오르기 위해 뻔한 건데도 수없는 리허설을 거쳐 출연한다고 합니다. 그래서 군사 혁명을 일으켰던 박정희 전 대통령은 항상 '하면 된다.'고 부르짖었습니다. 꾸준히 노력해 보세요. 좋은 결과는 올 겁니다.

아파트 반찬가게

강석관 II 수필집

발 행 일	2018년 12월 14일
지 은 이	강석관
발 행 인	李憲錫
발 행 처	오늘의문학사
출판등록	제55호(1993년 6월 23일)
주 소	대전광역시 동구 대전로867번길 52 (한밭오피스텔 401호)
전화번호	(042)624-2980
팩시밀리	(042)628-2983
전자우편	hs2980@hanmail.net
카 페	cafe.daum.net/gljang (문학사랑 글짱들)
카 페	cafe.daum.net/art-i-ma (아트매거진 아띠마)

공 급 처 | 한국출판협동조합
주문전화 | (070)7119-1752
팩시밀리 | (031)944-8234~6

ISBN 978-89-5669-969-1 03810
값 12,000원

ⓒ 강석관, 2018

* 이 책은 ㈜교보문고에서 eBook(전자책)으로 제작하여 판매합니다.
* 잘못 제작된 책은 바꾸어 드립니다.